陕西省设区的市地方立法状况蓝皮书

2016

西北政法大学法治陕西建设协同创新研究中心
西北政法大学地方政府法治建设研究中心　编写
陕西知行地方治理研究中心

SHANXISHENG SHEQUDESHI
DIFANG LIFA ZHUANGKUANG LANPISHU

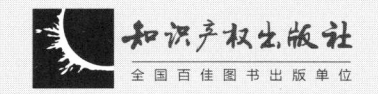

知识产权出版社
全国百佳图书出版单位

图书在版编目（CIP）数据

陕西省设区的市地方立法状况蓝皮书.2016／西北政法大学法治陕西建设协同创新研究中心，西北政法大学地方政府法治建设研究中心，陕西知行地方治理研究中心编写.—北京：知识产权出版社，2016.12
　ISBN 978-7-5130-4714-2

Ⅰ.①陕… Ⅱ.①西… ②西… ③陕… Ⅲ.①地方法规—立法—研究报告—陕西—2016 Ⅳ.①D927.410.00

中国版本图书馆 CIP 数据核字（2016）第 312873 号

责任编辑：雷春丽　　　　　　　　　责任出版：刘译文
封面设计：SUN 工作室　韩建文

陕西省设区的市地方立法状况蓝皮书（2016）

西北政法大学法治陕西建设协同创新研究中心
西北政法大学地方政府法治建设研究中心　编写
陕 西 知 行 地 方 治 理 研 究 中 心

出版发行：	知识产权出版社有限责任公司	网　　址：	http://www.ipph.cn
社　　址：	北京市海淀区西外太平庄55号	邮　　编：	100081
责编电话：	010-82000860 转 8004	责编邮箱：	leichunli@cnipr.com
发行电话：	010-82000860 转 8101/8102	发行传真：	010-82000893/82005070/82000270
印　　刷：	北京嘉恒彩色印刷有限责任公司	经　　销：	各大网上书店、新华书店及相关专业书店
开　　本：	720mm×1000mm　1/16	印　　张：	9.75
版　　次：	2016年12月第1版	印　　次：	2016年12月第1次印刷
字　　数：	120 千字	定　　价：	28.00 元

ISBN 978-7-5130-4714-2

出版权专有　侵权必究
如有印装质量问题，本社负责调换。

本研究成果的形成得到陕西韬达律师事务所和
陕西富能律师事务所的大力支持与无私资助

本书调研组成员

王周户 西北政法大学行政法学院院长，教授、博士研究生导师，西北政法大学法治陕西建设协同创新中心主任，西北政法大学地方政府法治建设研究中心负责人

安子明 西北政法大学副教授、博士，陕西知行地方治理研究中心主任

张佐国 西北政法大学讲师、博士，陕西知行地方治理研究中心副主任，陕西省法学会宪法学研究会秘书长

周　敏 西北政法大学副教授、博士，陕西知行地方治理研究中心副主任

王丹红 西北政法大学副教授、博士，陕西知行地方治理研究中心研究员

高　岭 陕西省法学会宪法学研究会副会长，西安市人大常委会法工委原副主任，陕西知行地方治理研究中心研究员

王　欣 西北政法大学行政法学专业硕士研究生，陕西知行地方治理研究中心助理研究员

刘　慧 西北政法大学行政法学专业硕士研究生，陕西知行地方治理研究中心助理研究员

前　言

中国共产党十八届三中全会通过的《中共中央关于全面深化改革若干重大问题的决定》提出，全面深化改革的总目标是完善和发展中国特色社会主义制度，推进国家治理体系和治理能力现代化。习近平总书记在《切实把思想统一到党的十八届三中全会精神上来》的讲话中指出，国家治理体系是在党领导下管理国家的制度体系，是一整套紧密相连、相互协调的国家制度。推进国家治理体系和治理能力现代化，既要依托于国家治理法治化，更要善于运用制度和法律治理国家。中国共产党十八届四中全会通过的《中共中央关于全面推进依法治国若干重大问题的决定》进一步指出，建设中国特色社会主义法治体系，必须坚持立法先行，发挥立法的引领和推动作用，抓住提高立法质量这个关键。

为落实十八届三中、四中全会《决定》和习近平总书记讲话的重要精神，实施地方国家治理体系和能力现代化，尤其是发挥地方立法对地方治理的引领和推动作用，提升地方立法能力与立法质量，在西北政法大学法治陕西建设协同创新研究中心、西北政法大学地方政府法治建设研究中心、陕西知行地方治理研究中心资助支持下，在陕西省人大常委会法制工作委员会、陕西省政府法制办公室以及陕西省法学会、陕西省法学会行政法学研究会、陕西省法学会宪法学研究会的支持下，西北政法大学法治陕西建设协同创新研究中心、西北政法大学地方政府法治建设研究中心、陕西知行地方治理研究中心组成联合调研组，经过充分论证制定了以陕西省设区的市地方立法能力状况为样本、以五年为周期的实证研究方案，着力探索我国地方立法与地方治理现代化的基本规律。

2016年7~10月，在陕西省人大常委会法制工作委员会、陕西省政府法制办公室大力支持下，调研组对陕西省10个设区的市地方立法能力状况进行了调研，撰写了《陕西省设区的市地方立法状况蓝皮书（2016）》，并在与各方充分研判和论证的基础上，通过陕西省法学会向有关决策机构提交了《关于提升陕西省设区的市地方立法能力的工作建议》，调研成果的专题报告经相关领导批示后，印发陕西省各设区的市人大常委会、市人民政府参考。

目　录

第一章　2016年陕西省设区的市地方立法状况综述 …………… 001
　一、2016年陕西省设区的市地方立法能力建设取得的
　　　成就………………………………………………………… 003
　二、2016年陕西省设区的市地方立法能力建设面临的
　　　主要困难…………………………………………………… 010
　三、关于提升陕西省设区的市地方立法能力的建议………… 016

第二章　2016年陕西省设区的市地方立法状况研究分析 ……… 023
　一、立法工作机构的设置与人员配备………………………… 025
　二、立法需求状况及意见征集机制…………………………… 039
　三、立法规划、立法计划的制定及实施情况………………… 072
　四、立法工作制度建设情况…………………………………… 081
　五、立法专家的聘任及履职情况……………………………… 099
　六、委托第三方参与立法……………………………………… 112
　七、立法培训状况与需求……………………………………… 118
　八、立法经费配置情况………………………………………… 125

第三章　陕西省设区的市地方立法能力状况调研成果要报……… 131
　一、在立法机构与人员设置方面……………………………… 133
　二、立法需求方面……………………………………………… 134

三、立法规划和立法计划制定方面 …………………… 135
四、立法工作制度建设方面 …………………………… 135
五、立法专家顾问方面 ………………………………… 136
六、委托第三方参与立法方面 ………………………… 136
七、立法培训方面 ……………………………………… 137

展　望 ………………………………………………………… 139

第一章

2016年陕西省设区的市地方立法状况综述

一、2016年陕西省设区的市地方立法能力建设取得的成就

二、2016年陕西省设区的市地方立法能力建设面临的主要困难

三、关于提升陕西省设区的市地方立法能力的建议

一、2016年陕西省设区的市地方立法能力建设取得的成就

（一）立法机构与人员设置

立法工作机构的设置和立法工作人员的配备既是地方立法工作顺利展开的基础，也是判断地方立法能力的重要指标。

陕西省高度重视立法机构的设置和人员配置工作。各市为了早日取得立法权，也都十分重视立法工作，延安市、安康市、宝鸡市还专门成立了立法工作领导小组，其中延安市的领导小组为常规化机构，负责统筹推进立法工作。2015年9月30日，陕西省第十二届人民代表大会常务委员会第二十二次会议通过了《陕西省人民代表大会常务委员会关于确定宝鸡等九个设区的市开始制定地方性法规的决定》，宝鸡市、咸阳市、铜川市、渭南市、延安市、榆林市、汉中市、安康市、商洛市人民代表大会及其常务委员会自该决定公布之日起，可以依法对城乡建设与管理、环境保护、历史文化保护等方面的事项开始制定地方性法规。

自获得地方立法权以来，陕西省9个设区的市均按照法律和政策的相关要求，设立了专门的立法工作机构、配备了相应的工作人员。整体上，各设区的市以"两个委员会、一套班子"的模式，在本级人民代表大会下均设置了法制委员会，在人大常委会下均设置了法制工作委员会，在法制工作委员会下均设置了法规科（处），渭南市还

设立了专门的立法科。除此之外，在其他专门委员会的设置方面，西安市人大设置的专门委员会最多，有6个；各市人大常委会其他工作机构的设置情况也较为良好，平均达到6个以上，其中商洛市和延安市设置了8个工作机构。

从人员配备来看，各市基本上都是从长期从事法律工作的人中遴选人员担任人大法制委员会委员，并分别通过选任、考任等方式，招录高学历、有法律实务经验的人员担任人大常委会法制工作委员会的工作人员，绝大多数人员都具有法学本科以上学历，且大多具有法制工作背景。目前，西安市人大常委会法制工作委员会的编制最多，为11人；从实际到职人数来看，西安市、咸阳市、铜川市、渭南市、商洛市、延安市6市的立法工作人员已全部到岗。

各设区的市政府法制办公室的机构设置在《立法法》修改前后变化不大，榆林市、延安市增加了法规科，铜川市增加了立法科。

（二）立法需求意见征集与处理

2015年修订的《立法法》（以下简称新《立法法》）第72条把"立法需求"正式上升为一个法律概念，是推进我国立法精细化的重大举措，这标志着我国立法更加重视社会基础，为提高立法质量、推进立法的民主性向深入发展提供了新的工作思路。立法需求是指社会关系的发展或社会问题的出现达到一定程度后对立法的客观需求，以及社会关系主体因不满现有利益调整机制对立法的主观需求。立法是一种通过立法主体的意志把社会规律及利益调整机制转化为法律的过程，也是满足社会发展的客观需求与社会主体的利益调整机制性需求的过程。立法对主观需求和客观需求的满足程度，直接决定着立法的质量。从立法过程上看，立法需求是立法的起点，也是立法的基础和目标。

陕西省9个设区的市行使地方立法权之初，就从总体上部署各市重视本地立法需求，其工作具有很强的开创性与基础性。各市在征集立法需求意见方面形成如下的工作模式：由省人大进行统一工作部署，各市人大牵头，与政府法制办协作，征集立法需求意见；在征集过程中，首先制定立法需求征集公告，并通过现代传媒，向社会开放式征集立法建议；针对重点立法需求主体召开座谈会；对立法建议进行筛选、甄别，制作立法建议目录；在立法建议目录的基础上，分析各种因素，选择本地较为急迫、重大的事项，列入立法规划与立法计划。这一工作模式，在方法上为保证立法适应性奠定了基础，也为立法规划与立法计划的制定，提供了社会基础。

上述模式是立法工作的一个良好开端。首先，各市在行使立法权之初，就能够考虑社会需求，并基本形成了初步的立法需求意见征集工作模式，为以后该项工作的长期展开奠定了基础。其次，从已征集的意见来看，各市对"城乡建设与管理"方面的立法需求最多，"环境保护"排其次，最后是"历史文化保护"，这种状况与新《立法法》对设区的市立法授权的顺序基本一致。再次，各市在征集立法需求意见后，都从三项立法权的角度对立法项目建议进行了分类，这背后其实反映了各地对三项立法权的理解过程。最后，从调研结果来看，各市还在此基础上根据这三项立法权对政府各部门进行了划分，即"三项立法权涉及的政府部门""有立法需求的政府部门"等。

各市对立法需求意见的征集，从一开始即开始注意到对三项立法事项的分类整理，并对各事项的关注程度进行了基本的分析。以宝鸡市为例，其共征求到原始意见、建议190条，归纳整理后为86条，经过分类后，基本情况表现为三个方面。

一是城乡建设管理方面：共征求到原始意见112条，归纳整理为54条，较为集中的有6个方面，分别是：城乡规划管理（提及14次），物业管理（提及9次），城市综合管理（提及7次），城镇管网管线建设管理（提及7次），城市垃圾清运管理（提及6次），宠物饲养与管理（提及6次）。二是环境保护方面：共征求到原始意见49条，归纳整理为22条，较为集中的有3个方面，分别是：饮用水源地保护（提及8次），全市环境保护（提及6次），治污降霾暨大气污染防治管理（提及5次）。三是历史文化保护方面：共征求到原始意见29条，归纳整理为10条，较为集中的有3个方面，分别是：文物古迹修复保护（提及9次），非物质文化遗产保护（提及7次），文物保护及民间文化艺术开发监管（提及4次）。

（三）立法规划和立法计划的制定与实施

作为统筹立法工作的基本方式，立法规划与立法计划是《立法法》和《陕西省地方立法条例》十分重视的内容。立法规划与立法计划的制定要紧紧围绕全面建成小康社会、全面深化改革、全面依法治国、全面从严治党的战略布局，贯彻中国特色社会主义法治理论，主动适应改革和经济发展需要，发挥立法的引领和推动作用，加强重点领域立法，注重各方面法律制度的协调发展，深入推进科学立法、民主立法，拓宽、创新公民有序参与立法的途径和形式，着力提高立法质量。

目前，陕西省各设区的市人大都制定了2016年度立法计划，各市的立法计划一般为2~4项，其中铜川市和商洛市分别为6项和7项。市政府法制办公室制定的立法计划，多为1~2项，或者未制定立法计划。

除立法计划外，商洛市和渭南市还制定了五年立法规划，立法规划制定较少主要是因为2016年恰逢各市本届人大、政府换届，考虑到与下一届人大与政府工作的一致性，多数地区选择留待下一届人大制定立法规划。

截至目前，新获立法权的9个市人大目前都已制定并颁布了本市的地方立法条例，西安市也已完成对《西安市制定地方性法规条例》的修订，并颁布了《西安市公园条例》。《榆林市城市园林绿化条例》《商洛市农村饮用水安全管理条例》2个项目处于调研阶段，《化龙山国家级自然保护区管理条例》《城市市容环境卫生管理条例》2个项目处于征求意见阶段，《安康城区限制燃放烟花爆竹管理条例》《汉中市户外广告设置管理条例》《咸阳市禁止焚烧秸秆管理条例》3个项目处于政府审查阶段，《商洛市物业管理条例》进入一审阶段，《延安市城市市容市貌管理条例》《渭南市湿地保护条例》《宝鸡市市区餐厨废弃物管理条例》进入二审阶段，《西安市物业条例》《西安市湿地条例》正在报请省人大常委会批准。

（四）立法工作制度建设

立法工作制度是指立法活动和立法过程所需遵循的各种规范的总称。立法工作制度是否健全，直接反映出一个国家或地方法治的整体发展水平。

十八届四中全会《决定》提出：依法建立健全专门委员会、工作委员会立法专家顾问制度；完善公众参与政府立法机制；对部门间争议较大的重要立法事项，由决策机关引入第三方评估；健全立法起草、论证、协调、审议机制；建立基层立法联系点制度；探索委托第三方起草法律法规草案；健全立法机关和社会公众沟通机制；探索重大利益调整论证咨询机制等。

目前，陕西省各设区的市均十分重视立法工作制度的建设。西安市人大及其常委会、西安市人民政府法制办的立法工作制度相对完善，仅西安市人大及其常委会关于立法工作制度的文件就有14部。从调研的结果看，自2015年《立法法》修改后，陕西省各设区的市均加强了立法制度方面的建设，都充分认识到了加强地方立法制度建设对于提高地方立法质量和水平的重要作用。尤其是新获得立法权的9个设区的市，制度建设基本是从零起步，但在近一年的时间内，无一例外的制定并公布实施了本地立法的基本制度，并且建立了或正在建立本地的立法组织机构制度、具体工作制度及参与立法制度。各市对加强立法制度建设的重视和相关实践，对保障地方立法权行使，规范地方立法活动，提高地方立法质量，推进法治陕西建设，都具有十分重要的意义。

（五）立法专家顾问

十八届四中全会《决定》提出要依法建立健全专门委员会、工作委员会立法专家顾问制度。《陕西省地方立法条例》规定"省人民代表大会常务委员会应当建立立法专家咨询制度，健全立法工作与社会公众的沟通机制"。陕西省各设区的市人大制定地方立法条例中也对立法专家顾问制度作出专门规定，西安市、宝鸡市、铜川市、渭南市、安康市、汉中市、延安市、咸阳等8市还出台了相应的立法专家管理办法，内容主要涉及立法专家顾问的入选条件、参与立法范围方式、立法活动期间的权利及应遵守的规定，以及立法经费和任期等方面。

从落实情况看，立法专家顾问人数最多的是西安市人大，达到34人，其次是咸阳市，为30人。立法专家主要来源于高等院校、律师事务所、法院、检察院、政府及其各部门，其中政府及各部门的人员所占比例最大。

（六）委托第三方参与立法

委托第三方参与立法是十八届四中全会和新《立法法》确立的一项新的立法制度，对于提高立法质量、增强立法的科学性、民主性、实效性与稳定性具有重要意义。新《立法法》第53条规定"专业性较强的法律草案，可以吸收相关领域的专家参与起草工作，或者委托有关专家、教学科研单位、社会组织起草"。《陕西省地方立法条例》第 46 条规定"专业性较强的法规草案，可以吸收相关领域的专家参与起草工作，或者委托有关专家、教学科研单位、社会组织起草"。政府立法层面，《法治政府建设实施纲要（2015~2020 年）》中要求各地"完善政府立法体制机制。严格落实立法法规定……探索委托第三方起草法律法规规章草案"。陕西省政府在《关于落实〈政府工作报告〉重点工作部门分工的意见》中要求"加快完善政府规章制定程序，扩大法制机构和第三方起草法规、规章的数量，拓宽公民有序参与政府立法途径，坚决杜绝部门利益法律化现象"。

从实践看，陕西省部分市在政府部门起草立法案环节，已有委托第三方参与起草立法草案的做法。由于该制度对被委托第三方的专业能力、程序与规则设计等均有较高要求，需要综合考虑多种因素，各设区的市基本采取了谨慎态度，总体上处于探索阶段。

（七）立法培训

立法培训是地方立法能力建设中的重要组成部分。《陕西省实施〈中华人民共和国全国人民代表大会和地方各级人民代表大会代表法〉办法》第 35 条规定"县级以上地方各级人民代表大会常务委员会应当有计划地组织代表参加履职学习，协助代表全面熟悉人民代表大会制度、掌握履行代表职务所需的法律知识和其他专业知识"。《陕西省人民政府办公厅关于印发 2016 年依法行政工作要点的通知》要求省市各级政府"提高政府立法质量。以提高立法质量为重点改进立法工作……省政府法制办要举办专项培训，提高立法队伍人员素质"。

陕西省各设区的市十分重视立法培训工作，已参加和开展了由全国人大、陕西省人大、本市人大组织的各类立法培训。陕西省人大还组织各市人大选派法工委工作人员，到陕西省人大跟班学习立法的实际工作流程。从培训对象看，包括各市人大常委会机关领导、人大法制委和其他专门委员会的委员、常委会法工委工作人员以及政府法制办和其他涉及立法的政府有关部门的分管领导和业务骨干。

二、2016年陕西省设区的市地方立法能力建设面临的主要困难

（一）立法机构设置与人员配备有待于加强

1. 人大常委会法工委的机构设置和人员配备问题

（1）法工委机构建设不统一。按要求，法工委机构设置要有"一室两科"（办公室、法规科、备案审查科），但实践中，"编办和其他市沟通，听说其他市是一科一室，就说两科一室实现不了"，最后就只批准成立法规科和办公室。（2）现有两科室之间职责不清，法规科往往不得不承担大量立法工作以外的事务。（3）已设科室人员还未完全到位。由于编制不足、人员选拔难度大、周期较长等原因，法规科人员目前也没有完全到位，有的市法工委法规科"只有2个人，现在要做规范性文件，还要清理自新中国成立以来的市政府法律文件"，有的地方则反映"现在3个人3个科，一个人就是一个光杆司令，每一个科就只有一个人"。

2. 各市政府法制办的机构设置与人员配备较人大而言更为严峻

自获得立法权以来，陕西省一半的设区的市政府法制办还没有设

立立法科，政府各职能部门的法制机构建设基本未起步。有地方反映"政府法制机构还是部门法制机构在机构改革上都是弱化了"。为展开立法工作，陕西省目前仅有4个市增加了法制办的编制，其中最多的市虽一次增加了4个编制，但总数也只有10个编制，而且"目前在岗5名，缺岗5名"。在内设机构职责定位上，除西安市外，其他9个设区的市政府法制办都是市政府办公室的内设机构，承担着各种综合性事务，无法保障政府立法的人力与时间。

（二）立法需求意见征集与处理机制不够规范

1. 立法机构人力不足，难以保证立法需求意见征集与分析的质量

人大内部负责组织征集意见的主要是法工委，其人员普遍偏少。而征集各种社会主体的立法需求意见，是一项较为复杂的工作，不是少数几位立法机构工作人员就能够完成的工作，客观上需要寻找其他途径弥补这一人力上的不足。

2. 征集方式不够规范

立法建议与一般的工作建议明显不同，应对其提出更高的要求。目前立法建议的提出，各种方式都有，有的甚至口头阐述，由工作人员现场记录，就形成一个立法建议。这种建议的方式很随意，很难保证建议的质量。

3. 立法需求意见缺乏归档保存机制

立法需求意见是分析本地立法的社会基础的重要参考依据，体现着当地立法的规律性。而目前大多市只归档到"立法建议目录"这一层面，存在明显的缺陷。

4. 立法需求意见征集工作缺乏连续性，面临中断的危险

立法需求意见的征集工作应该是一项长期的、常规的、基础性的立法工作。大多数立法单位没有把征集立法需求意见作为一项常规性工作来安排，也没有工作规程，具有明显的临时性。

5. 缺乏从立法意见到立法建议目录、立法规划、立法计划之间的转化标准

例如，有的市征集原始意见112项，进入目录的有31项，为28%；有的市征集原始意见105项，进入目录的有68项，为64%，其中进入五年立法规划的有10项，进入当年立法计划的有2项。从原始意见到立法计划，这中间环节较多，如果没有较为规范的工作标准，无疑会增大主观性与随意性。

（三）对立法规划与立法计划制定与实施存在认识分歧或者偏差

1. 对于立法规划应否制定、应如何制定存在疑虑

几乎所有的市都认为应当制定五年立法规划与年度立法计划，但目前多数市只制定了年度立法计划，而未制定五年立法规划，各地反映的原因基本为领导换届、担心实际效果、缺乏立法经验等。

2. 对应立什么样的法、怎样立法存在较大争议甚至偏差

在调研过程中发现，各地在立法之初都抱有较大的兴趣，希望藉此解决工作中的难题。但立法工作实际展开之后，发现立法过程非常复杂，很多问题争议较大，自己的立法也没有什么地方特色等，立法积极性受到一定的影响，尤其是政府部门在参与立法后，认为还不如制定规范性文件便利。

（四）立法工作制度建设亟待完备

1. 制度建设还存在明显的观望态度

目前出台立法工作制度较少的市，并非没有意识到制定相关制度的重要性和紧迫性，而是认为"省人大正在修改他们的工作规程"，"如果现在制定的话，害怕他们之后再修改"，所以先观望。

2. 人员和编制不足，导致制度建设工作进展缓慢

就现状来看，大多数的地方都重视立法制度建设，"有能力就立法，没有能力就搞规章制度建设"。但人员和编制的不足严重影响了各地的立法制度建设。有的市虽然建立了法工委工作机构，但是具体的科室"现在连人都没有，就一个办公室主任，哪有力量来搞这个事情"。

（五）立法专家顾问没有发挥应有的作用

1. 各市已制定的《地方立法咨询管理办法》，较为原则、操作性不强，与贯彻落实十八届四中全会《决定》"依法建立健全专门委员会、工作委员会立法专家顾问制度"的要求不相适应

2. 欠缺对顾问的约束机制

多地反映，"立法专家参与立法的环节，要么是专家特别忙，要么是因为立法咨询费的不足问题，总之每次开会通知十几位专家参会，能有四五个到会就不错了，对于立法专家只能邀请，绝不能硬性规定，导致有些专家以出差或上课为由多次通知都不参加，作为立法机关我们也没有什么惩治性措施""专家库的管理比较松散，只能靠专家自身的自觉性来维持"。是否需要约束、如何约束，各地都缺乏对策。

3. 立法专家顾问的作用尚未充分发挥

各地的同志都表达对立法顾问的厚望,"就指望专家帮我们把好立法关的同时,也帮我们提升一下立法水平,但有的时候就是指望不上这些专家"。这主要是立法顾问的选择方式以及参与立法的方式等方面还存在明显的不足。

(六)委托第三方参与立法的实践尚未充分展开

1. 谁作为委托主体,目前还是一个问题

根据现行法律,可向市人大提交法规案的主体包括:人大主席团、人大常务委员会、人民政府、人大各专门委员会、十名以上人大代表联名;可向人大常委会提交法规案的主体包括:常务委员会主任会议、市人民政府、市人大各专门委员会、常务委员会组成人员五人以上联名。在实践中,起草主体主要还是政府部门与法工委。上述各类主体是否都拥有委托立法权还是应该深入探讨的问题。

2. 选择被委托主体的标准,目前还不明确

根据法律法规的规定,作为被委托主体的第三方应是立法机关之外的"专家、教学科研单位、社会组织"。那么,以何种指标来评价和确认第三方所应具有的独立性和专业性也是各地认为难以把握的一个问题。

3. 委托费用缺乏基本的规范

由于缺乏直接的上位法依据,对于委托第三方立法应采取什么样的支付标准,经费来源为何是实施该制度面临的另一个现实难题。

4. 第三方胜任立法的能力和责任难以确定

这是调研中各方普遍担心的一个问题。第三方制定的草案如果偏

向理论性而缺乏可操作性，不接地气，执行效果不佳，由此是否会造成立法资源的浪费？如何增强第三方的参与能力及其责任心？如何确立委托方与第三方之间的权利义务及其责任，以及能否将"立法实效不佳"的情形予以量化？这些问题是该领域的普遍困惑。

（七）立法培训的针对性不强

1. 立法培训总体力度不够，缺乏常态性的培训机制

从目前立法培训的实际状况看，虽然开展了一些，但主要集中在2015年，而2016年度的培训基本没有开展，主要原因是上级组织的培训尚未开始。这种被动性和目前立法人员能力亟待提高的现实之间形成极大的反差。

2. 立法培训对象范围过窄

这突出表现为各地（特别是领导干部）普遍将立法单纯理解为是人大法制委、法工委或政府法制办的事情，与其他部门无关。因此，在培训时，对党委、人大及其常委会主管领导、除法制委之外的其他专门委员会及其工作机构、人大代表、政府分管领导、负责起草立法的部门领导等缺乏培训。

3. 培训方式和内容单一

这主要表现为培训多为对《立法法》的宏观培训，缺乏针对性。而且，由于培训多为讲座形式，时间短，难以实施系统培训。加之有的授课人员缺乏立法经验，或对行政管理与地方实际等状况不甚了解，很难达到提升立法能力的效果。例如，有的同志反映，"之前搞了两次培训，就知道一些理论的东西，但涉及具体实践，实施过程中，到底怎么去和政府衔接，怎么去做具体工作，好多东西都不知道怎么

去做"。

另外，新《立法法》虽然赋予了设区的市地方立法权，但是对立法经费的问题却没有任何原则性或具体性的规定，其他法律法规中也未对立法经费的保障和具体运作作出规定。立法经费在申请和使用上存在着很多空白。陕西省各设区的市仅提到"立法项目调研费用""专家论证费用""委托第三方费用"等几种用途，而未对整个经费的用途作出明确的规范。在立法过程中的哪些阶段需要申请费用，哪些部门有权申请，各市均不明确。

三、关于提升陕西省设区的市地方立法能力的建议

（一）转变观念与提高认识

从新《立法法》对设区的市三项立法授权来看，都与政府有极大关系，推进本地的立法工作，提高立法质量，没有政府各部门的参与是很难想象的事情。各市政府部门与部分领导同志对立法的认识还不到位。例如，有些地方还认为"把过去的红头文件冠以地方性法规的名义，就是立法了"，甚至认为立法增加了本部门的工作负担，参与立法不积极，以"没有人会弄"等理由不安排专门的人员参与立法事务。正是由于这些认识问题，正常的立法工作很难有序展开，有的地方在制定立法规划时，只好由"人大列项目，主任会议研究，给市委报过去，市委转发，成了人大给政府部门布置作业"。建议继续加强党对立法工作的领导，统一各级政府部门和领导的思想，转变观念。坚持立法先行，发挥立法的引领和推动作用，健全有立法权的人大主导立法工作的体制机制，发挥人大及其常委会在立法工作中的主导作用。

（二）科学配置立法工作机构和人员，有效借助社会力量开展立法工作

1. 在机构设置方面

建议省上根据人口数量、经济发展状况、立法需求、人大代表数量等情况，出台各市立法工作机构内部的科室设置标准的指导意见。从立法工作的特殊性出发，研究、处理好精简机构和加强立法工作之间的关系，要求各市编办尽快为法工委、法制办配齐工作机构，以承担起设区的市的地方立法任务。

2. 在工作职责与人员使用方面

建议各市明确界定人大常委会法工委、政府法制办具体的工作职责，做到权责相统一。避免他们承担立法以外的其他事务，以保障在立法方面的人力与精力投入。考虑从律师、法学专家等有法制经验的人员中选任立法人员，尽快配齐立法工作人员。

3. 在政府立法工作组织方面

建议参照榆林市模式，成立立法工作领导小组，由市长或主管副市长担任组长，秘书长总协调，副秘书长具体协调，法制办具体承办，市发改委、财政、人社、编办、住建等相关单位负责人为成员，以增强政府立法的领导力量。在人大立法工作组织方面，建议参照延安市模式，在市委层面成立全市立法工作领导小组。

（三）建立常态化的立法需求征集与处理机制

1. 借助社会力量，收集、征集、整理、提炼立法需求意见

即使各市的人大常委会法工委人员都配置为12人，也很难长期维持这一项基础性工作。因此，可以考虑如下几种方式：（1）由立

法顾问完成该项工作，基本方式是：向社会公布立法顾问的联系方式，由其负责收集整理原始立法需求意见，并向人大提交。（2）委托专业机构完成该项工作，例如，高校的法学院或法律系、专业的立法研究机构。（3）建立当地的立法调研基地，由立法调研基地负责该项工作。

2. 在建设基层立法联系点时，明确联系点收集、征集、整理立法需求意见的责任

向社会公开基层联系点及其负责人员的联系方式、工作地点，便于立法需求主体就近提交意见，并进行初步协商。联系点定期向人大提交整理后的意见。

3. 研究、制定从立法需求意见到立法建议目录、立法规划、立法计划转化的工作标准与工作机制

4. 研究、制作立法意见表，规范立法意见，提高立法意见的质量，准确反映立法需求

5. 建立立法需求意见反馈机制

（四）在立法经验不足的情况下，科学地制定立法计划，暂不制定立法规划

1. 建议各市暂不制定五年立法规划

关于立法规划，《立法法》中规定了全国人大和国务院有制定的义务，对于地方是否需要制定，则交由国务院与各省参照《立法法》另行规定。而在国务院制定的《规章制定程序条例》中，也只就年度立法计划的制定作出了程序性规定，并未涉及五年立法规划。在这种情况下，对于尚缺乏立法经验的市，能制定好立法计划就已经

不易，因此，可以考虑暂缓制定立法规划，先从立法计划的科学制定做起。

2. 设区的市的立法应着重考虑地方特色与创新点，避免重复立法，不能为立法而立法

各地在选择立法项目时，要审慎考虑本市立法与国家、本省已有立法之间的关系，对于国家或本省立法已经有了较为明确的、详细的规定的，或者对于需要在全省统一规定的事项，如程序性问题，可通过省上统一立法的方式解决，各地不宜也不需要再自行立法。

3. 加强部门间的立法协调

为此必须破除认为立法就是人大常委会法工委、政府法制办职责的错误观念，根据《立法法》的规定，明确地方人大及其常委会、人大各专门委员会、地方政府、政府各部门在立法中的分工和各自的职责，形成制度合力，共同推进立法工作。

（五）立法工作制度建设要处理好法制统一与体现地方特色的关系

1. 立法工作制度建设要有创新思路

十八届四中全会指出了立法工作制度创新的方向，也提出了要建立一系列立法工作制度。对于设区的市地方立法而言，例如，构建委托第三方立法制度，就不必只限于立法草案的起草一个环节，还可以考虑把各工作环节分别委托的方式，例如，立法调研、立法意见征集与处理、立法前评估、立法后评估、立法计划评估，都可单独委托第三方。目前，在立法力量与经验都不足的情况下，要从立法工作制度上探索充分借助社会专业力量的方式，提升本地立法工作每个环节的质量。

2. 在市一级立法工作制度建设中不宜追求"大而全",需要由省人大或省人大常委会统一规定的,各市就不必再分别作出规定,尤其没有必要通过地方立法的形式来进行规范

例如,具有共性的立法技术规范,很难体现地方特色、解决地方特定问题,就不宜由各市再分别制定。

3. 进一步加强对地方立法工作制度内容的研究

立法工作制度建设是系统性工程,要先从法律和政策上理清立法工作制度的全面内容,再根据本地立法工作需要制定工作制度。

(六)建立单位型立法顾问制度,强化管理与考核,提升立法顾问质量

1. 探索建立单位型立法顾问制度

与个人顾问相比,单位型顾问具有持续性、稳定性、综合性等优势,主体可包括:高校、科研院所、立法智库型机构、行业性组织(如法学会、律协等)。

2. 建立立法顾问立法参与记录与考评相结合的制度

将立法专家参与立法活动的次数、参与立法的具体形式、立法建议的采纳情况、立法建议书的提交情况等予以记录,以此作为考核、续聘或解聘的标准。同时,建议将立法专家顾问出具的各类意见书签字归档,以提升立法专家顾问的责任心,同时也便于立法机关更全面地获得立法背景信息。

3. 建立立法顾问的公开制度,包括名单与参与过程的公开

例如,将立法顾问参与立法活动所提出的具体建议以及建议被采纳的情况予以公开。这种公开,既是对立法顾问的监督,也是对人大

邀请和聘任工作的监督。

（七）建议把立法工作各环节分解委托，明确遴选第三方的标准，规范委托费用管理

1. 建议把立法工作各环节分解委托

例如，立法调研、立法需求征集、法规案起草、立法评估等都可分解委托。各立法机关可以根据本部门情况，灵活选择。

2. 确立委托第三方的遴选标准，逐步建立第三方立法信息库，将不同领域的专家团队、科研院所、智库等纳入其中，进行分类化管理，以便根据立法工作内容选择不同的第三方，确立委托对象

3. 建议省上出台统一的委托第三方立法费用管理办法，确立委托第三方立法费用支出的分类、支付标准等问题，明确费用来源

（八）通过建立专业的立法培训平台或基地，实施类型化、精准化培训，形成常态化培训机制

1. 建立专业的立法培训平台

建立本地立法培训基地将是培训专业化的必由之路，可通过招投标等形式，将一个或数个具有立法培训能力的机构纳入其中，专门负责本地立法培训。

2. 建立立法人员类型化培训机制，提高培训的对象针对性，实施精准化培训

3. 建立培训内容分类机制

培训对象的类型化决定了培训内容必须类型化。就领导者而言，

其培训内容应集中于立法政策、立法理论、立法工作统筹方法等。而对于具体立法人员，则应侧重于立法调研、意见征集与分析、立法评估方法、立法草案的起草方法与标准等。还需要针对有强烈立法需求的政府部门领导及其相关工作人员设计不同的培训内容。

4. 改进培训方式

目前的培训主要是讲座方式，还需要通过增加立法实训方式，来增强培训效果。例如，立法工作环节模拟、撰写立法草案、工作观摩。

5. 建立立法培训常态化机制

建议制订年度立法培训计划，理顺本机关（部门）培训与上级机关（部门）培训之间的承接关系，逐步建立培训登记与考核、评估制度，保障培训的规范、有序实施。

（九）关于规范立法经费的建议

建议研究制定立法经费预算细目，立法经费预算细目要能够覆盖立法工作全部环节，以全面保障立法工作的物质基础。一般来说，立法工作包括立法需求征集、立法规划和立法计划调研与制定、立法调研、起草（部门起草、第三方起草）、审议、立法培训、专家咨询、各类评估等工作，这是制定立法预算细目的依据，把经费保障到具体的立法环节。各地可依据下年度立法工作安排，根据立法工作进展的需要，制作立法经费预算。

第二章

2016年陕西省设区的市地方立法状况研究分析

一、立法工作机构的设置与人员配备

二、立法需求状况及意见征集机制

三、立法规划、立法计划的制定及实施情况

四、立法工作制度建设情况

五、立法专家的聘任及履职情况

六、委托第三方参与立法

七、立法培训状况与需求

八、立法经费配置情况

第二章　2016年陕西省设区的市地方立法状况研究分析

一、立法工作机构的设置与人员配备

立法机构的设置与人员配备是立法工作顺利开展的基础，直接反映着本地的立法能力状况，素来为我国的法律与政策所重视。《中华人民共和国地方各级人民代表大会和地方各级人民政府组织法》第30条规定："省、自治区、直辖市、自治州、设区的市的人民代表大会根据需要，可以设法制（政法）委员会、财政经济委员会、教育科学文化卫生委员会等专门委员会……在大会闭会期间，受本级人民代表大会常务委员会领导……各专门委员会在本级人民代表大会及其常务委员会领导下，研究、审议和拟订有关议案；对属于本级人民代表大会及其常务委员会职权范围内同本委员会有关的问题，进行调查研究，提出建议。"《中华人民共和国立法法》（以下简称《立法法》）第77条第1款规定："地方性法规案、自治条例和单行条例案的提出、审议和表决程序，根据中华人民共和国地方各级人民代表大会和地方各级人民政府组织法，参照本法第二章第二节、第三节、第五节的规定，由本级人民代表大会规定。"中国共产党十八届四中全会通过的《中共中央关于全面推进依法治国若干重大问题的决定》提出要"依法建立健全专门委员会、工作委员会立法专家顾问制度"。《陕西省第十二届人民代表大会关于设立陕西省第十二届人民代表大会专门委员会的决定》规定：陕西省第十二届人民代表大会设立法制委员会、内务司法委员会、财政经济委员会、教育科学文化卫生委员会。

（一）调研情况说明

作为本次调研的重点内容之一，立法工作机构的设置和立法工作人员的配备既是地方立法工作顺利展开的基础，也是判断地方立法能力的重要指标。在立法机构设置方面，陕西省9个设区的市自2015年9月获得地方立法权以来，均按照法律和政策的相关要求，设立了专门的立法工作机构、配备了相应的工作人员。

在人大方面，各设区的市依照"两个委员会、一套班子"的模式，均在本级人民代表大会下设置了法制委员会，在人大常务委员会下设置了法制工作委员会。对于人员配备，10个设区的市基本上都是从长期从事法律工作的人中遴选人员担任人大法制委员会委员，并分别通过选任、考任等方式，招录高学历、有法律实务经验的人员担任法制工作委员会的工作人员。

在政府方面，10个设区的市的政府法制办公室的机构建设与人员配备情况与《立法法》修改前相比变化不大。除西安市政府法制办公室原本就设有专门负责立法的法规处外，目前，仅榆林市、延安市政府法制办公室增设了立法科室，并增加了工作人员；铜川市政府法制办公室增设了立法科，但没有增加人员编制；商洛市政府法制办公室未设立立法科室，但增加了4个编制。总体而言，各市政府法制办公室的机构建设与人员配备情况较之人大更为严峻。

（二）立法工作机构设置与人员配备情况

1. 基本分析指标及说明

立法工作机构设置情况包括人大和政府两方面。人大方面包括各市人民代表大会专门委员会、人大常委会工作委员会的设置情况，其中以专门从事地方立法工作的人大法制工作委员会及其下设的法制工作委员会的机构设置情况为研究重点，所做分析围绕机构组成与机构设置数量两方面展开。政府方面主要围绕各市政府法制办公室的机构设置情况展开，重点分析政府法制办公室的原有机构设置和新增机构。

人员配备方面，对人大的分析对象包括法制工作委员会工作人员的编制数量、到职人员数量、人员学历及法制工作经验四方面，政府方面主要从各市法制办公室原有人员数量和新增人员数量的变化着手，分析政府立法队伍建设状况。

为了更直观地反映各市情况，本部分分类绘制了各设区的市人大专门委员会设置情况表、各设区的市人大常委会工作委员会设置情况表、各设区的市人大常委会法制工作委员会工作机构设置情况表、各设区的市人大常委会法制工作委员会人员配备情况表、各设区的市政府法制办公室机构设置和人员配备情况表，并将逐块展开分析。

2. 立法工作机构与人员配置情况

表 2-1　各设区的市人大专门委员会设置情况

各设区的市	机构设置	数量（个）
榆林	法制委员会	1
延安	法制委员会、财经委员会	2
汉中	法制委员会	1
安康	法制委员会、财经委员会	2
商洛	法制委员会	1
渭南	法制委员会、内务司法委员会、财政经济委员会	3

续表

各设区的市	机构设置	数量（个）
宝鸡	法制委员会、财经委员会	2
咸阳	法制委员会、财政经济委员会、内务司法委员会、教育科学文化卫生委员会	4
铜川	法制委员会、财政经济委员会、教育科学文化卫生委员会、环境资源保护城镇建设委员会	4
西安	法制委员会、内务司法委员会、财政经济委员会、教育科学文化卫生委员会、城乡建设环境资源保护委员会、民族宗教侨务外事委员会	6

从表2-1可以看出，目前，陕西省各设区的市人民代表大会均已设立了法制委员会。专门委员会的设置方面，西安市人大设置的专门委员会最多，有6个；榆林市、汉中市、商洛市人大则仅设置了法制委员会一个专门委员会。

表2-2 各设区的市人大常委会工作委员会设置情况

各市区的市	机构设置	数量（个）
榆林	法制工作委员会、人事代表选举工作委员会、财政经济工作委员会、教育科学文化卫生工作委员会、农业和农村工作委员会、环境资源保护工作委员会	6

续表

各市区的市	机构设置	数量（个）
延安	法制工作委员会、预算工作委员会、内务司法工作委员会、人事代表工作委员会、教科文卫工作委员会、环境与资源保护工作委员会、农业和农村工作委员会、民族宗教侨务外事工作委员会	8
汉中	法制工作委员会、人事代表工作委员会、法制工作委员会、财政经济工作委员会、教科文卫工作委员会、农业农村工作委员会、环境与资源保护工作委员会、内务司法工作委员会	8
安康	预算工作委员会、财政经济工作委员会、教育科学文化卫生（民族宗教侨务外事）工作委员会、人事代表选举工作委员会、农业和农村工作委员会、建设与环境资源保护工作委员会	6
商洛	法制工作委员会、民族宗教工作委员会、环境和资源保护和城乡建设工作委员会、农业和农村工作委员会、内务司法工作委员会、教育科学文化卫生工作委员会、财政经济预算工作委员会、人事代表联络工作委员会	8
渭南	法制工作委员会、内务司法工作委员、预算工作委员会、教科文卫工作委员会、人事代表工作委员会、农业和农村工作委员会、环境和资源保护工作委员会	7

续表

各市区的市	机构设置	数量（个）
宝鸡	法制工作委员会、人事代表工作委员会、财政经济工作委员会、城乡建设环境资源保护工作委员会、教育科学文化卫生工作委员、内务司法工作委员会	6
咸阳	法制工作委员会、城乡建设环境资源保护工作委员会、农业和农村工作委员会	3
铜川	法制工作委员会、人事代表选举工作委员会、内务司法工作委员会、预算工作委员会、农业和农村工作委员会	5
西安	法制工作委员会、预算工作委员会、农业和农村工作委员会、人事代表联络工作委员会	4

从表2-2可以看出，各设区的市在获得地方立法权后，都十分重视人大常委会立法工作机构的设置，并设立了法制工作委员会。除此之外，其他常委会工作机构的设置情况也较为良好，其中，延安市人大常委会、汉中市人大常委会以及商洛市人大常委会设置了8个专门性的工作委员会，居陕西省10个设区的市之首。

表2-3 各设区的市人大常委会法制工作委员会工作机构设置情况

各设区的市	工作机构	数量（个）
榆林	法规科、办公室	2
延安	法规科、综合办公室、规范性文件备案审查科	3

续表

各设区的市	工作机构	数量（个）
汉中	法规科、办公室	2
安康	法规科、办公室、备案审查科	3
商洛	法规科、办公室	2
渭南	立法科、办公室、备案科	3
宝鸡	法规科、办公室	2
咸阳	法规科、办公室	2
铜川	法规科、规范性文件备案审查科	2
西安	法规处、办公室、备案审查处	3

从表2-3可以看出，目前，各设区的市人大常委会法制工作委员会多设置了法规科（处），其中，渭南市还设立了专门的立法科。

表2-4 各设区的市人大常委会法制工作委员会人员配备情况

各设区的市	编制数量（个）	到职人员数量（人）	学历	法制工作经验
榆林	4	3	未统计	未统计
延安	6	6	本科学历2人；硕士研究生学历4人，其中2人具有法学教育背景	曾任检察官1人，曾在人大从事法制工作5人

续表

各设区的市	编制数量（个）	到职人员数量（人）	学历	法制工作经验
汉中	8	2	均有法学教育背景	未统计
安康	6	3	未统计	未统计
商洛	7	7	均有法学教育背景，其中2人为硕士研究生学历	其中曾任商州区法院院长1人、中院刑二庭庭长1人，信访办1人、法制办1人，律师1人
渭南	5	5	均为法学本科以上学历，其中2人为硕士研究生学历	未统计
宝鸡	9	5	其中2人为本科学历，1人为硕士研究生学历	未统计
咸阳	8	8	其中2人为本科学历，3人为硕士研究生学历	其中曾任咸阳市政法委政治部主任1人、咸阳市人大常委会内司委科长1人，秦都区人民法院法官1人，咸阳市公安局秦都分局干警1人

续表

各设区的市	编制数量（个）	到职人员数量（人）	学历	法制工作经验
铜川	5	3	未统计	未统计
西安	11	12	其中5人为本科学历，7人为硕士研究生学历	12人均有法制工作背景

从表2-4可以看出，各市人大常委会法工委的人员配备情况差别较大。从编制看，西安市的编制最多，为11人；榆林市的编制最少，为4人，西安市的编制人数约为榆林市的3倍。从实际到职人数来看，西安、咸阳、铜川、渭南、商洛、延安6市人大常委会法制工作委员会的工作人员已全部到岗；汉中市的人员到岗率最低，仅为25%。从已统计到的人员学历和工作经历看，绝大多数人员都具有法学本科以上学历，且基本具有法制工作背景。

表2-5 各设区的市政府法制办公室机构设置和人员配备情况

各市区的市	机构设置		人员配备			
	原有	新增	原有		新增	
			编制	到职	编制	到职
西安	秘书处、综合协调处、法规处、规范性文件备案审查处、行政复议应诉一处、行政复议应诉二处、法制监督处		36	36	0	0

续表

各市区的市	机构设置		人员配备			
	原有	新增	原有		新增	
			编制	到职	编制	到职
榆林	综合科、行政复议科、行政执法科、规范性文件审查科	法规科	16	16	2	2
延安	综合科、文件审查科、行政复议科	法规科	15	15	2	2
汉中	法制综合科、执法监督科		7	7	1	0
安康	法制综合科、复议应诉科		5	5	0	0
商洛	综合办公室、执法监督科		6	5	4	0
渭南	综合科、执法监督科、仲裁指导科		8	7	0	6
宝鸡	综合科、法规科、执法监督科（行政复议科）、中介组织科		18	18	9	5
咸阳	复议监督科、法规应诉科		6	6	0	0
铜川	综合科、执法监察科、行政复议科	立法科	10	10	0	0

从表2-5可以看出，与人大相比，各设区的市政府法制办公室的机构设置在《立法法》修改前后变化不大，仅榆林市和延安市增加了法规科，铜川市增加了立法科。人员编制方面，各市差别较大。其中，西安市政府法制办公室的编制最多，为36个人；安康市政府法制办公室的编制最少，仅有5个人。从人员到岗情况来看，《立法法》修改之前，各市政府法制办公室的人员到岗情况基本为100%，仅商洛和渭南实际未到岗1人；《立法法》修改之后，西安、安康、渭南、咸阳、铜川5市均未增加立法人员编制，延安、榆林、宝鸡、汉中、商洛的人员编制则有不同程度的增加，其中宝鸡编制增加最多，为9个人。就新增人员的到岗情况来看，榆林和延安的到岗率均为100%，商洛市新增的4人则尚无一人到岗。这其中较为特殊的是渭南市，其法制办并未增加人员编制，为解决工作所需，是以购买服务的形式从社会上招聘了6人。

（三）立法工作机构设置与人员配备方面取得的成就

立法工作机构的设置和立法工作人员的配备既是地方立法工作顺利展开的基础，也是判断地方立法能力的重要指标。陕西省高度重视立法机构的设置和人员配置工作。各市为了早日取得立法权，也都十分重视立法工作，延安市、安康市、宝鸡市还专门成立了立法工作领导小组，其中延安市的领导小组为常规化机构，负责统筹推进立法工作。2015年9月30日，陕西省第十二届人民代表大会常务委员会第二十二次会议通过了《陕西省人民代表大会常务委员会关于确定宝鸡等九个设区的市开始制定地方性法规的决定》，宝鸡、咸阳、铜川、渭南、延安、榆林、汉中、安康、商洛市人民代表大会及其常务委员会自该决定公布之日起，可以依法对城乡建设与管理、环境保护、历史文化保护等方面的事项制定地方性法规。

自获得地方立法权以来，陕西省9个设区的市均按照法律和政策的相关要求，设立了专门的立法工作机构、配备了相应的工作人员。整体上，各设区的市以"两个委员会、一套班子"的模式，在本级人民代表大会下均设置了法制委员会，在人大常委会下均设置了法制工作委员会，在法制工作委员会下均设置了法规科（处），渭南市还设立了专门的立法科。除此之外，在其他专门委员会的设置方面，西安市人大设置的专门委员会最多，有6个；各市人大常委会其他工作机构的设置情况也较为良好，平均达到6个以上，其中汉中市、商洛市和延安市设置了8个工作机构。

从人员配备来看，各市基本上都是从长期从事法律工作的人中遴选人员担任人大法制委员会委员，并分别通过选任、考任等方式，招录高学历、有法律实务经验的人员担任人大常委会法制工作委员会的工作人员，绝大多数人员都具有法学本科及以上学历，且大多具有法制工作背景。目前，西安市人大常委会法制工作委员会的编制最多，为11人；从实际到职人数来看，西安、咸阳、渭南、商洛、延安等市的立法工作人员已全部到岗。

各设区的市政府法制办公室的机构设置在《立法法》修改前后变化不大，榆林市、延安市增加了法规科，铜川市增加了立法科。

（四）立法工作机构设置与人员配备中面临的困难

1. 人大常委会法制工作委员会的机构设置和人员配备问题

（1）法制工作委员会机构建设不统一。按要求，法制工作委员会机构设置要有"一室两科"（办公室、法规科、备案审查科），但实践中，"编办和其他市沟通，听说其他市是一科一室，就说一室两科实现不了"，最后就只批准成立法规科和办公室。

（2）现有两科室之间职责不清，法规科往往不得不承担大量立法工作以外的事务。

（3）已设科室人员还未完全到位。由于编制不足、人员选拔难度大、周期较长等原因，法规科人员目前也没有完全到位，有的市法制工作委员会法规科"只有2个人，现在要做规范性文件，还要清理自新中国成立以来的市政府法律文件"，有的地方则反映"现在3个人3个科，1个人就是1个光杆司令，每1个科就只有1个人。"

2.各市政府法制办公室的机构设置与人员配备情况较人大而言更为严峻

自获得立法权以来，陕西省一半的设区的市政府法制办公室还没有设立立法科，政府各职能部门的法制机构建设基本未起步。有地方反映"政府法制机构和部门法制机构在机构改革上都是弱化了"。为展开立法工作，陕西省目前有5个市增加了法制办的编制。在内设机构职责定位上，除西安市外，其他9个设区市政府法制办公室都是市政府办公室的内设机构，承担着各种综合性事务，无法保障政府立法的人力与时间。

（五）关于立法机构设置与人员配备的工作建议

（1）转变观念与提高认识。从2015年修订的《立法法》（以下简称新《立法法》）对设区的市三项立法授权来看，都与政府有极大关系，推进本地的立法工作，提高立法质量，没有政府各部门的参与是很难想象的事情。各市政府部门与部分领导同志对立法的认识还不到位。例如，有些地方认为"把过去的红头文件冠以地方性法规的名义，就是立法了"，甚至认为立法增加了本部门的工作负担，参与立法不积极,以"没有人会弄"等理由不安排专门的人员参与立法事务。正是由于认识上的这些问题,正常的立法工作很难有序展开,有的地方在制定立法规划时,只好由"人大列项目,主任会议研究,给市委报过去,市委转发,成了人大给政府部门布置作业"。建议继续加强党对立法工作的领导,统一各级政府部门和领导的思想,转变观念。坚持立法先行,发挥立法的引领和推动作用,健全有立法权的人大主导立法工作的体制机制,发挥人大及其常委会在立法工作中的主导作用。

(2)在机构设置方面,建议省上根据人口数量、经济发展状况、立法需求、人大代表数量等情况,出台各市立法工作机构内部的科室设置标准的指导意见。从立法工作的特殊性出发,研究、处理好精简机构和加强立法工作之间的关系,要求各市编办尽快为法制工作委员会、法制办公室配齐工作机构,以承担起设区的市的地方立法任务。

(3)在工作职责与人员使用方面,建议各市明确界定人大常委会法制工作委员会、政府法制办公室具体的工作职责,做到权责相统一。避免他们承担立法以外的其他事务,以保障在立法方面的人力与精力投入。考虑从律师、法学专家等有法制经验的人员中选任立法人员,尽快配齐立法工作人员。

(4)在政府立法工作组织方面,建议参照榆林市模式,成立立法工作领导小组,由市长或主管副市长担任组长,秘书长总协调,副秘书长具体协调,法制办公室具体承办,市发展和改革委员会、财政局、人力资源和社会保障局、机构编制委员会办公室、住房和城市建设局等相关单位负责人为成员,以增强政府立法的领导力量。在人大立法工作组织方面，建议参照延安市模式，在市委层面成立全市立法工作领导小组。

二、立法需求状况及意见征集机制

2015年修订的《立法法》（以下简称新《立法法》）第72条把"立法需求"正式上升为一个法律概念，这标志着我国立法更加重视社会基础，为提高立法质量、推进立法的民主性向深入发展提供了新的工作思路。一般认为，立法需求是指社会关系的发展或社会问题的出现达到一定程度后对立法的客观需求，以及社会关系主体因不满现有利益调整机制对立法的主观需求。立法是一种通过立法主体的意志把社会规律及利益调整机制转化为法律的过程，从另一个方面说，也是满足社会发展的客观需求与社会主体的利益调整机制性需求的过程。立法的主观需求是立法的客观需求的反映，对两者的满足程度，直接决定者立法的质量。从立法过程上看，它是立法的起点，也是立法的基础和目标。

新《立法法》把这一概念法律化，从立法基础上完善了立法的过程，打通了社会需求与立法的关系，是推进我国立法精细化的重大举措。立法需求是制定立法规划、立法计划的基础，也是立法过程中判断、选择各种立法内容、机制、规范等的基础性标准。说到底，立法是对立法需求的一种满足方式，脱离了立法需求，立法本身也就失去了方向与目标，它的适用性、民主性、科学性等都将全面受到影响。对这一重大问题，我国过去总是从宏观上强调，要"从经济社会发展实际需要出发，突出重点、统筹兼顾，科学确定立法项目"。十八届四中全会的《决定》要求"抓住提高立法质量这个关键"，"要恪守以民为本、立法为民理念"，"实现立法和改革决策相衔接，做到重大改革于法有据、立法主动适应改革和经济社会发展需要",对科学立法、民主立法从发展需要角度进行部署。在修改《立法法》时,注重"通过修改立法法,完善立法体制","立法主动适应改革需要,改革和法治同步推进",并通过立法权下沉,"依法赋予所有设区的市地方立法权,以适应地方的实际需要",最终在新《立法法》中使用了"立法需求"这一概念。因此,在地方立法过程中,弄清本地的立法需求,是新《立法法》的规定,也是党在立法方面的基本要求。

(一)调研情况说明

在本次调研过程中,立法需求状况是其中一个重要内容。从调研的情况看,各地立法需求是通过立法意见的征集方式体现出来的,主要是由人大法制工作委员会或政府法制办公室牵头,向政府各部门、社会单位或公民个人征集;征集方式主要有座谈会、向各单位发出征集通知,向社会征集则是通过报纸、电视台、广播、政府网站等方式先行宣传,再收集立法意见,也有少数民众直接到人大或法制办提交手写意见。征集后的处理方式,多是作为本地制定立法计划或立法规划的参考依据,先是经过筛选,把分散的意见汇总、提炼,形成一个一个的立法事项意见的目录。

征集意见较多的如汉中市人大,计征集112项各类意见,并保留了原始征集材料,经过筛选、最终提炼出56项立法意见的目录。在调研中,大多市没有保留原始意见的材料,只有经过筛选、提炼后的立法意见目录;部分市则主要是在政府部门范围内征集立法意见;还有的市虽然征集了立法意见,但不愿提供给调研组。关于立法需求这方面的调研,反映最多的问题是,各种意见提交较为琐碎,在方式上也较为零散,提交主体不知道如何提出立法意见,等等。

基于这种情况,本部分根据收集的调研资料与座谈会记录,重点对立法意见的社会覆盖面进行整理与分析,从一个侧面反映陕西省设区的市对立法的需求情况。

(二)立法需求分析指标说明与基本情况分析

1.与立法需求相关的指标

新《立法法》第72条把"立法需求"正式上升为一个法律概念,一般认为立法需求是指社会关系的发展或社会问题的出现所提出的立法的客观需求以及社会关系主体对现有的利益冲突调整机制不满而提出的立法的主观需求。立法是一种通过立法主体的意志把客观规律及利益诉求转化为法律的过程,本身包含着客观需求与主观需求,客观需求决定着主观需求,并通过主观需求反映体现出来。立法需求在立法过程中,是确定本地立法规划与立法计划的基础。立法是以在一定社会条件下解决社会问题的需要为依据的,立法需求首先是社会的需求。

如何准确地测度一个地方的立法需求,以为立法提供基础,还需要对"立法需求"本身进行"解构",以使其具备实践的操作性。从应用的角度分析,"立法需求"概念所对应的社会事实,至少包含如下各个方面:第一,谁的需求,即立法需求主体。第二,如何表达需求,即立法项目意见。第三,立法需求向谁表达,即立法项目意见的征集、确定主体。第四,如何发现立法需求并征集立法项目意见,即征集方式。第五,征集立法项目意见后,如何处理、使用这些反应立法需求的项目意见,即处理方式。第六,既然需求已表达出来,是否能得到满足、何时满足或者以得到其他方式满足了等问题,需要给予反馈,即反馈方式。第七,到底需求什么,表达了什么,即需求内容。要准确地测度立法需求，至少要把构成"立法需求"这种社会事实的各个构成部分都弄清楚，才能说是准确地掌握了它，否则，只是泛泛地、宏观地讲立法需求，对实现精细化立法是没有多少意义的。从行为学上看，上述七个方面，构成征求立法需求意见的基本行为结构。

根据本次调研收集的资料与掌握的基本情况，将集中对经过征集主体处理后的"立法意见"展开分析，对其他方面的情况，则进行简要介绍，以反映陕西省立法主体在立法需求征集方面的整体情况及存在的问题。

2.各市立法需求情况分析

按照上述体现立法需求的各项指标，陕西省各设区的市在立法需求征集方面的基本情况如下。

（1）征集主体。目前，各市在立法需求意见征集方面，一般都是由人大常委会牵头，政府法制办配合；也有的地方由政府法制办与人大分别征求立法需求意见。

（2）需求主体。立法需求主体，实际上也是意见征集对象。可分为如下几类：第一类是政府部门，这是立法需求最为重要的意见征集对象；第二类是社会主体，这个较为松散，从各地"公开征集立法项目建议的公告"来看，主要是指"各机关、企业事业单位、社会团体、基层自治组织以及公民个人"。

（3）征集方式。立法需求意见的征集方式，各地普遍使用了如下方式：公告征集；召集政府部门召开座谈会；利用电视、报纸、网络等传媒征集意见；向寄发市人大代表立法建议征求函。

（4）处理方式。对收集上来的立法需求意见，各地的普遍做法是：第一，制作"立法项目意见目录"。这一工作是对各类意见进行汇总，然后进行甄别、筛选所形成的。第二,通过讨论、向领导汇报,从"立法项目意见目录"中,挑选最为重要的项目,纳入立法规划或立法计划。

(5)反馈方式。从这次调研的情况来看,没有涉及对立法需求意见的事后反馈环节。

(6)需求内容。各地立法需求意见征集情况如表 2-6 所示。

表 2-6　陕西省设区的市立法需求意见征集情况

	原始意见	最终意见
安康市	51 项（人大）+22 项（法制办）	22 项
宝鸡市	190 项	86 项
汉中市	112 项	31 项
商洛市	105 项	68 项
渭南市	106 项	36 项
咸阳市	未统计	21 项
延安市	26 项	1 项
铜川市	未统计	13 项
西安市	未统计	10 项
榆林市	未统计	未统计

由于不少地方是由人大统一安排,政府法制办配合,所以两者征集的意见往往在一起,很难分别体现。而且,大多地方没有很好地保存原始意见,再加上原始意见提交形式较多,如电子邮件、谈话记录,统一客观保存也有困难,所以无法进一步把不同主体的意见进入最终

意见目录的情况展开分析。这在一定程度上,无法判断不同立法需求主体的具体意向,也无法进一步分析不同立法需求主体的意见进入最终目录的情况。

基于原始意见资料的上述情况,项目组对立法需求意见的内容分析,采取了只对最终进入立法意见目录的意见进行分析,从意见的内容上,反映各地立法需求情况。其中宝鸡市征集意见最多,进入立法建议目录的内容也较多,具有很强的代表性,现录制如下。

表 2-7　陕西省设区的市立法需求状况

1		城乡建设与管理	环境保护	历史文化保护	其他
安康市	1	安康市城市公共汽车客运管理办法(市交通局)	安康市控制吸烟条例(市卫计局)	安康市大中型基本建设工程文物考古勘探和发掘管理条例(市文广局)	—
	2	安康中心城市私人建房管理规定(市规划局)	安康市汉江水质保护法	安康市公共文化服务保障办法(市文广局)	—
	3	安康中心城市违法用地和违法建筑查处办法(市规划局)	安康市汉江流域河长制管理条例(市环保局)	—	—
	4	安康市电动车(老年代步车)管理办法(市公安局)	安康市江河湖泊采砂采矿管理办法(市水利局)	—	—

044

续表

1	城乡建设与管理	环境保护	历史文化保护	其他
安康市	5 安康市消火栓管理办法（市公安局）	化龙山国家级自然保护区管理条例（陕西化龙山国家级自然保护区管理局）	—	—
	6 安康市停车场建设管理办法（市城管局）	安康市松材线虫病预防和除治管理条例（市林业局）	—	—
	7 安康中心城区规范养犬管理办法（市城管局）	安康市自然保护区管理条例（市林业局）	—	—
	8 安康市城区禁止燃放烟花爆竹规定（市城管局）	安康市蚕种质资源保护管理条例（市林业局）	—	—
	9 安康中心城市户外广告设置规划和管理办法(市城管局)	—	—	—
	10 安康市地方道路管理办法	—	—	—
	11 安康市城市规划管理办法	—	—	—

续表

1		城乡建设与管理	环境保护	历史文化保护	其他
安康市	12	安康市城市交通管理办法	—	—	—

2		城乡建设与管理	环境保护	历史文化保护	其他
渭南市	1	渭南市城乡规划管理条例	渭南市环境噪声污染防治条例	渭南市非物质文化遗产保护条例	—
	2	渭南市村镇规划建设管理条例	渭南市餐厨垃圾管理条例	渭南市老城保护条例	—
	3	渭南市城乡建设档案管理条例	渭南市机动车排气污染防治条例	渭南市文物古迹保护条例	—
	4	渭南市城市管理综合行政执法条例	渭南市建筑垃圾管理条例	渭南市党家村文物保护条例	—
	5	渭南市城市市容环境卫生管理条例	渭南市排污费征收实施办法	渭南市地方志管理条例	—
	6	渭南市物业管理条例	渭南市生态保护红线划定条例	渭南市古树名木保护条例	—
	7	渭南市养犬管理条例	渭南市黄河湿地保护条例	渭南市文物市场管理条例	—

续表

2		城乡建设与管理	环境保护	历史文化保护	其他
渭南市	8	渭南市中水利用和设施管理条例	渭南市秦岭生态环境保护条例	渭南市唐陵保护条例	—
	9	渭南市市政工程设施管理条例	—	渭南市文物考古勘探条例	—
	10	渭南市城市绿化管理条例	—	渭南市文物捐赠管理条例	—
	11	渭南市城市地下管线管理条例	—	渭南市文物保护基金管理条例	—
	12	渭南市城市集中供热管理条例	—	渭南市文物收藏管理条例	—
	13	渭南市住房公积金管理条例	—	渭南市民俗文化保护条例	—
	14	渭南市城中村改造管理条例	—	—	—
	15	渭南市建筑节能条例	—	—	—
3		城乡建设与管理	环境保护	历史文化保护	其他
咸阳市	1	咸阳市环境卫生管理条例	咸阳市渭河生态保护条例	咸阳市非物质文化遗产保护条例	—

续表

3		城乡建设与管理	环境保护	历史文化保护	其他
咸阳市	2	咸阳市城乡规划条例	咸阳市石灰石资源开采环境保护条例	咸阳市文物古迹保护条例	—
	3	咸阳市土地储备管理条例	咸阳市地下水资源管理条例	—	—
	4	咸阳市城市管理综合行政执法条例	咸阳市扬尘污染防治管理条例	—	—
	5	咸阳市物业管理条例	咸阳市环境噪声污染防治条例	—	—
	6	咸阳市市政工程质量监督管理条例	咸阳市禁止焚烧农作物秸秆的暂行条例	—	—
	7	咸阳市市政基础设施管理条例	—	—	—
	8	咸阳市依法没收的违法用地上的建筑物及其他设施移交和处置条例	—	—	—
	9	咸阳市城市集中供热管理条例	—	—	—

续表

	3	城乡建设与管理	环境保护	历史文化保护	其他
咸阳市	10	咸阳市户外广告设置管理条例	—	—	—
	11	咸阳市节约用水管理条例	—	—	—
	12	咸阳市农村宅基地管理条例	—	—	—
	13	咸阳市城区供水用水管理条例	—	—	—

	4	城乡建设与管理	环境保护	历史文化保护	其他
汉中市	1	汉中市城乡规划管理条例	汉中市环境噪音污染防治管理条例	汉中市非物质文化遗产保护条例	—
	2	汉中市农村村庄规划建设与用地管理条例	汉中市大气污染防治管理条例	汉中市历史文化名城保护管理条例	—
	3	汉中市城市中心规划农村居民建房管理条例	汉中市生活垃圾管理条例	张骞墓保护管理条例	—
	4	汉中市建设用地容积率管理条例	汉中市危险废物管理条例	汉中市古树名木保护条例	—

续表

4		城乡建设与管理	环境保护	历史文化保护	其他
汉中市	5	汉中市农业园区建设管理条例	汉中市城市饮用水水源地保护条例	—	—
	6	汉中市城镇房屋安全管理条例	汉中市控制吸烟条例	—	—
	7	汉中市墙体材料革新与推广节能建筑条例	—	—	—
	8	汉中市城市管理综合行政执法条例	—	—	—
	9	汉中市城镇绿化条例	—	—	—
	10	汉中市养犬管理条例	—	—	—
	11	汉中市烟花爆竹管理条例	—	—	—
	12	汉中市城市公共资源经营管理条例	—	—	—
	13	汉中市公共卫生管理条例	—	—	—

续表

4	城乡建设与管理	环境保护	历史文化保护	其他
汉中市	14 汉中市一江两岸管理条例	—	—	—
	15 汉中市建筑垃圾管理条例	—	—	—
	16 汉中市户外广告设置管理条例	—	—	—
	17 汉中市出租汽车管理条例	—	—	—
	18 汉中市电动车管理条例	—	—	—
	19 汉中市中心城区车辆停放管理条例	—	—	—
	20 汉中市市容环境秩序管理条例	—	—	—
	21 汉中市城镇燃气管理条例	—	—	—

5	城乡建设与管理	环境保护	历史文化保护	其他
商洛市	1 商洛市城乡规划条例	商洛市环境保护条例	商洛市文物保护细则	商洛市人大常委会规范性文件备案审查办法

续表

5		城乡建设与管理	环境保护	历史文化保护	其他
商洛市	2	商洛市中心城市违法建设查处办法	商洛市饮用水水源保护条例	商洛市非物质文化遗产保护条例	商洛市制定地方性法规条例
	3	商洛市物业管理条例	商洛市企业污染处罚条例	商洛市历史文化名镇保护办法	—
	4	商洛市城市交通管理条例	商洛市禁放烟花爆竹管理条例	商洛市古建筑保护条例	—
	5	商洛市房地产开发管理条例	商洛市餐厨废弃物管理条例	商洛市乡风民俗等历史传统保护管理办法	—
	6	商洛市城市综合管理条例	商洛市污水排放管理办法	—	—
	7	商洛市城市管网管线建设管理条例	商洛市城市噪音管理办法	—	—
	8	商洛市城镇垃圾清运管理办法	商洛市禁烧烟煤管理办法	—	—
	9	商洛市城市规划建设用地管理办法	商洛市机动车尾气污染治理条例	—	—
	10	商洛市公共基础工程规划管理办法	商洛市农村环境污染治理条例	—	—

续表

5		城乡建设与管理	环境保护	历史文化保护	其他
商洛市	11	商洛市公益广告管理条例	商洛市新能源管理办法	—	—
	12	商洛市公共空间管理条例	商洛市农村面源污染管理办法	—	—
	13	商洛市城市河道管理办法	商洛市节约用水条例	—	—
	14	商洛市农产品农药管理办法	商洛市服务业环境保护条例	—	—
	15	商洛市集体土地拆迁补偿条例	商洛市再生资源回收利用管理条例	—	—
	16	商洛市食品药品安全管理办法	商洛市散装水泥应用管理办法	—	—
	17	商洛市饮食小摊贩管理办法	商洛市城市再生水管理办法	—	—
	18	商洛市宠物饲养与管理条例	商洛市农村供水管理条例	—	—
	19	商洛市建设废弃物管理办法	商洛市治污降霾大气污染防治管理办法	—	—
	20	商洛市城市交通秩序管理办法	—	—	—

续表

5		城乡建设与管理	环境保护	历史文化保护	其他
商洛市	21	商洛市出租汽车管理办法	—	—	—
	22	商洛市棚户区改造管理办法	—	—	—
	23	商洛市商品房开发管理办法	—	—	—
	24	商洛市住宅专项维修基金管理办法	—	—	—
	25	商洛市机动车停放收费管理条例	—	—	—
	26	商洛市市容和环境卫生管理条例	—	—	—
	27	商洛市农村生活垃圾管理办法	—	—	—
	28	商洛市实施《预算法》管理细则	—	—	—
	29	商洛市耕地质量保护实施办法	—	—	—

续表

5	城乡建设与管理		环境保护	历史文化保护	其他
商洛市	30	商洛市传染病防治管理办法	—	—	—
	31	商洛市医疗垃圾集中处置收费管理办法	—	—	—
	32	商洛市农村殡葬管理办法	—	—	—
	33	商洛市电信设施保护条例	—	—	—
	34	商洛市城乡建设档案管理条例	—	—	—
	35	商洛市地下管线管理办法	—	—	—
	36	商洛市农村公路养护管理办法	—	—	—
	37	商洛市环卫基础设施管理办法	—	—	—
	38	商洛市城市园林规划	—	—	—
	39	商洛市防汛与处理管理办法	—	—	—

续表

5		城乡建设与管理	环境保护	历史文化保护	其他
商洛市	40	商洛市现代农业发展管理办法	—	—	—
	41	商洛市土地资源承包确权登记管理办法	—	—	—
	42	商洛市农村空巢老人和留守儿童管理办法	—	—	—
6		城乡建设与管理	环境保护	历史文化保护	其他
宝鸡市	1	宝鸡市城乡规划管理条例	宝鸡市饮用水水源保护区环境保护条例	宝鸡市文物古迹修复保护条例	—
	2	宝鸡市物业管理条例	宝鸡市环境保护条例	宝鸡市非物质文化遗产保护条例	—
	3	宝鸡市城市综合管理条例	宝鸡市治污降霾暨大气污染防治管理办法	宝鸡市文物保护及民间文化艺术开发监管条例	—
	4	宝鸡市城镇管网管线建设管理条例	宝鸡市企业污染处罚条例	宝鸡市历史文化名镇保护办法	—
	5	宝鸡市城市垃圾清运管理办法	宝鸡市农村环境保护条例	宝鸡市乡风民俗等历史文化传统保护办法	—

续表

6		城乡建设与管理	环境保护	历史文化保护	其他
宝鸡市	6	宝鸡市宠物饲养与管理条例	宝鸡市农村面源污染问题管理办法	宝鸡市天台山国家重点风景名胜区管理条例	—
	7	宝鸡市规划区民房建设管理办法	宝鸡市再生资源回收利用管理条例	宝鸡市建筑保护实施条例	—
	8	宝鸡市农村公路管理养护办法	宝鸡市畜牧养殖污染整治条例	宝鸡市文物保护管理条例	—
	9	宝鸡市建筑垃圾废弃物管理办法	宝鸡市烟花爆竹禁放管理条例	宝鸡市法门寺地宫保护管理办法	—
	10	宝鸡市城市交通秩序管理办法	宝鸡市餐厨废弃物管理办法	宝鸡市大遗址保护管理办法	—
	11	宝鸡市二次供水管理办法	宝鸡市污水排放管理办法	—	—
	12	宝鸡市城市市容和环境卫生管理条例	宝鸡市散装水泥应用管理办法	—	—
	13	《农村扶贫开发条例》制定实施细则	宝鸡市项目节能评估管理办法	—	—

续表

6		城乡建设与管理	环境保护	历史文化保护	其他
宝鸡市	14	宝鸡市农村生活垃圾管理办法	宝鸡市爱国卫生实施条例	—	—
	15	宝鸡市出租汽车管理办法	宝鸡市公共场所禁止吸烟管理条例	—	—
	16	宝鸡市城市规划建设用地管理办法	宝鸡市除四害管理条例	—	—
	17	宝鸡市公共基础工程规划管理条例	宝鸡市节约用水条例	—	—
	18	宝鸡市城市园林绿化管理条例	宝鸡市市区服务业环境保护管理条例	—	—
	19	宝鸡市饮食小摊贩管理条例	宝鸡市机动车排气污染防治条例	—	—
	20	宝鸡市环卫基础设施管理办法	宝鸡市新能源管理办法	—	—
	21	宝鸡市城市园林规划	宝鸡市城市噪音管理条例	—	—
	22	宝鸡市市区市政消火栓管理条例	宝鸡市煤炭生产经营使用监督管理办法	—	—

第二章　2016年陕西省设区的市地方立法状况研究分析

续表

6	城乡建设与管理		环境保护	历史文化保护	其他
宝鸡市	23	宝鸡市城中村改造管理条例	—	—	—
	24	宝鸡市农村供水管理条例	—	—	—
	25	宝鸡市公益广告管理条例	—	—	—
	26	宝鸡市国有土地上房屋征收补偿管理条例	—	—	—
	27	宝鸡市城市公共空间管理条例	—	—	—
	28	宝鸡市城市防汛与处理管理办法	—	—	—
	29	宝鸡市城市照明管理条例	—	—	—
	30	宝鸡市限价商品住房管理条例	—	—	—
	31	宝鸡市客运汽车管理办法	—	—	—
	32	宝鸡市城市河道管理办法	—	—	—

续表

6			城乡建设与管理	环境保护	历史文化保护	其他
宝鸡市	33	宝鸡市城市弱电建设管理条例		—	—	—
	34	宝鸡市城市绿线实施办法		—	—	—
	35	宝鸡市城市再生水管理办法		—	—	—
	36	宝鸡市市区户外广告设置管理办法		—	—	—
	37	宝鸡市电信设施保护条例		—	—	—
	38	宝鸡市住宅专项维修资金管理办法		—	—	—
	39	宝鸡市城市建设档案管理办法		—	—	—
	40	宝鸡市农村殡葬管理办法		—	—	—
	41	宝鸡市农村规划"一法两条例"的实施细则		—	—	—

续表

6		城乡建设与管理	环境保护	历史文化保护	其他
宝鸡市	42	宝鸡市农产品农药使用管理办法	—	—	—
	43	宝鸡市现代农业发展管理办法	—	—	—
	44	宝鸡市实施《预算法》管理细则	—	—	—
	45	宝鸡市政府财务管理方案	—	—	—
	46	宝鸡市土地资源承包确权登记管理办法	—	—	—
	47	宝鸡市机动车停放服务收费管理条例	—	—	—
	48	宝鸡市耕地质量保护实施办法	—	—	—
	49	宝鸡市农村未成年人权益保护管理办法	—	—	—
	50	宝鸡市集体土地上的拆迁补偿标准	—	—	—

续表

6		城乡建设与管理	环境保护	历史文化保护	其他
宝鸡市	51	宝鸡市农畜垃圾治理管理办法	—	—	—
	52	宝鸡市传染病防治管理办法	—	—	—
	53	宝鸡市电力设施保护管理办法	—	—	—
	54	医疗垃圾废弃物集中处置收费管理条例	—	—	—

7		城乡建设与管理	环境保护	历史文化保护	其他
铜川市	1	铜川市物业管理条例	铜川市市容环境卫生管理条例	铜川市革命文物保护管理办法	—
	2	铜川市城市规划区乱占乱建治理实施办法	铜川市城市排水许可管理办法	铜川市陈炉古镇保护条例	—
	3	铜川市生活饮用水二次供水管理条例	铜川市饮用水源保护条例	—	—
	4	铜川市城市供水条例	—	—	—

续表

7		城乡建设与管理	环境保护	历史文化保护	其他
铜川市	5	铜川市城市绿化管理条例	—	—	—
	6	铜川市城市道路管理条例	—	—	—
	7	铜川市城市养犬管理条例	—	—	—
	8	铜川市燃放烟花爆竹管理条例	—	—	—
8		城乡建设与管理	环境保护	历史文化保护	其他
西安市	1	—	—	—	西安市人大常委会法规草案公开征集意见办法
	2	—	—	—	西安市人大常委会制定地方性法规协调办法
	3	—	—	—	西安市人大常委会地方性法规立法后评估办法

续表

8		城乡建设与管理	环境保护	历史文化保护	其他
西安市	4	—	—	—	西安市人大常委会征询区、县人大常委会立法意见办法
	5	—	—	—	西安市人大常委会征求人大代表立法意见办法
	6	—	—	—	西安市人大常委会法规草案征询市级民主党派、工商联、人民团体、社会组织意见办法
	7	—	—	—	西安市人大常委会委托第三方起草地方性法规草案办法（试行）

续表

8	城乡建设与管理	环境保护	历史文化保护	其他
西安市	8	—	—	—	西安市人大常委会关于部门间争议较大的重要立法事项引入第三方评估办法(试行)
	9	—	—	—	西安市人大常委会基层立法联系点工作办法
	10	—	—	—	西安市人大常委会立法专家库管理办法

各地对立法需求意见的征集，从一开始即注意到对三项立法事项的分类整理，并从各事项的关注程度进行了基本的分析。以宝鸡市为例，其共征求到原始意见建议190条，归纳整理后为86条，经过分类后，基本情况表现在以下三个方面。

城乡建设管理方面：共征求到原始意见112条，归纳整理为54条，较为集中的有6个方面，分别是：城乡规划管理（提及14次），物业管理（提及9次），城市综合管理（提及7次），城镇管网管线建设管理（提及7次），城市垃圾清运管理（提及6次），宠物饲养与管理（提及6次）。

环境保护方面：共征求到原始意见49条，归纳整理为22条，较为集中的有3个方面，分别是：饮用水源地保护（提及8次），全市环境保护（提及6次），治污降霾暨大气污染防治管理（提及5次）。

历史文化保护方面：共征求到原始意见29条，归纳整理为10条，较为集中的有3个方面，分别是：文物古迹修复保护（提及9次），非物质文化遗产保护（提及7次），文物保护及民间文化艺术开发监管（提及4次）。

（三）立法需求意见征集、处理方面取得的成就

新《立法法》第72条把"立法需求"正式上升为一个法律概念，是推进我国立法精细化的重大举措，这标志着我国立法更加重视社会基础，为提高立法质量、推进立法的民主性向深入发展提供了新的工作思路。立法需求是指社会关系的发展或社会问题的出现达到一定程度后对立法的客观需求，以及社会关系主体因不满现有利益调整机制对立法的主观需求。立法是一种通过立法主体的意志把社会规律及利益调整机制转化为法律的过程，也是满足社会发展的客观需求与社会主体的利益调整机制性需求的过程。立法对主观需求和客观需求的满足程度，直接决定着立法的质量。从立法过程上看，立法需求是立法的起点，也是立法的基础和目标。

陕西省9个设区的市行使地方立法权之初，就从总体上部署各市重视本地立法需求，其工作具有很强的开创性与基础性。各市在征集立法需求意见方面形成如下的工作模式：由省人大进行统一工作部署，各市人大牵头，与政府法制办协作，征集立法需求意见；在征集过程

中，首先制定立法需求征集公告，并通过现代传媒，向社会开放式征集立法建议；针对重点立法需求主体召开座谈会；对立法建议进行筛选、甄别，制作立法建议目录；在立法建议目录的基础上，分析各种因素，选择本地较为急迫、重大的事项，列入立法规划与立法计划。这一工作模式，在方法上为保证立法适应性奠定了基础，也为立法规划与立法计划的制定，提供了社会基础。

上述模式是立法工作的一个良好开端。首先，各市在行使立法权之时，就能够考虑社会需求，并基本形成了初步的立法需求意见征集工作模式，为以后该项工作的长期展开奠定了基础。其次，从已征集的意见来看，各市对"城乡建设与管理"方面的立法需求最多，"环境保护"排其次，最后是"历史文化保护"，这种状况与新《立法法》对设区的市立法授权的顺序基本一致。再次，各市在征集立法需求意见后，都从三项立法权的角度对立法项目建议进行了分类，这背后其实反映了各地对三项立法权的理解过程。最后，从调研结果来看，各市还在此基础上根据这三项立法权对政府各部门进行了划分，即"三项立法权涉及的政府部门""有立法需求的政府部门"等。

（四）立法需求征集及处置面临的困难

1. 立法机构人力不足，难以保证立法需求意见征集与分析的质量

人大内部负责组织征集意见的主要是法工委，其人员普遍偏少。而征集各种社会主体的立法需求意见，是一项较为复杂的工作，不是少数几位立法机构工作人员就能够完成的工作，客观上需要寻找其他途径弥补这一人力上的不足。

2. 征集方式不够规范

立法建议与一般的工作建议明显不同，应对其提出更高的要求。目前立法建议的提出，各种方式都有，有的甚至口头阐述，由工作人员现场记录，就形成一个立法建议。这种随意性，很难保证建议的质量。

3. 立法需求意见缺乏归档保存机制

立法需求意见是分析本地立法的社会基础的重要参考依据，体现着当地立法的规律性。而目前大多市只归档到"立法建议目录"这一层面，存在明显的缺陷。

4. 立法需求意见征集工作缺乏连续性，面临中断的危险

立法需求意见的征集工作应该是一项长期的、常规的、基础性的立法工作。大多数立法单位没有把征集立法需求意见作为一项常规性工作来安排，也没有工作规程，具有明显的临时性。

5. 缺乏从立法意见到立法建议目录、立法规划、立法计划之间的转化标准

例如，有的市征集原始意见112项，进入目录的有31项，占28%；有的市征集原始意见105项，进入目录的有68项，占64%，其中进入五年立法规划的10项，进入当年立法计划的有2项。从原始意见到立法计划，中间环节较多，如果没有较为规范的工作标准，无疑会增大主观性与随意性。

（五）征集与处置立法需求意见的工作建议

1. 立法需求的转化过程

（1）立法需求进入立法程序是一个复杂的过程。立法需求的调查与分析，是制定立法规划、立法计划的基础，并最终作为具体立法

的参考。由于立法需求是向社会主体征集的,并带有很强的主观性,反映立法需求的立法项目意见,数量很大,而正式的立法数量总是有限的,什么样的立法需求能够转化为立法规划、进入立法计划,并最终以立法的方式得到满足,这中间是一个复杂的过程,各个环节需要有明确的判断、严格的选择标准以及严谨的工作程序。我们今年对陕西省全省十个有立法权的市的立法状况进行了调研,在立法需求调研部分,发现各地在处理这个复杂的过程时,结果差异很大。例如,汉中市征集原始意见112项,经过整理进入立法事项意见目录的有31项,进入立法规划的则只有2项;而商洛市征集原始意见只有105项,但进入目录的则是汉中市的两倍还多,即68项,进入五年立法规划的有10项,进入当年立法计划的有是2项。

(2)立法需求的表达需要一定的规范引导。一项立法需求在多大程度上能够最终由立法来满足,决定于它在多大程度上反映了社会对立法的客观需求,以及该项客观需求相比于其他类客观需求是否更加急迫。社会个体的主观需求与社会整体的客观需求之间,存在一定的距离。这个距离的大小,决定着立法需求意见的质量,也决定着其进入立法程序的可能性。因此,表达立法需求的立法项目意见,可能不应简单地理解为一种意向的随意表达,而应该具备必要的要件。例如,立法项目意见中,至少要证明社会问题是否存在,已有的立法不能解决这样的问题,立法外的方式也不能解决这样的问题,需要新的立法才能解决这样的问题,新的立法中采用什么样的措施才能解决这样的问题,等等。对于普通的社会公众来说,要求其所提的立法意见把这些要件全部满足,当然过于严苛,但其对这些要件本身总会有基本的判断,否则也就不会提出立法项目意见了。对于单位或者行业组织提出的立法项目意见,对其提出这样的要求或者给予引导,是可以做到的,也应该做得到。另外,立法需求意见的征集主体,可以通过询问、调查等方式，帮助立法需求主体或者与其共同完成立法项目意见。

（3）从立法项目建议向立法规划的转换机制及其内含的判断标准。立法项目的选定是地方政府开展政府立法工作的基础性工作，是地方政府编制和制定政府立法工作规划和年度立法工作计划的第一环节，对地方政府加强和健全法制、依法解决社会热点和焦点问题、为广大人民群众排忧解难具有重要作用。在实践中，往往对社会需求主体的立法事项意见，经过立法主体或者征集主体进行整理、甄别、筛选，形成立法事项意见目录，以作为制定立法规划的参考或基础。这一过程，实践中往往是一种形式性选择，即初步判断原始意见是否完整、明确、清晰，排除那些语义不详、空泛、错误的意见，在进行主题提炼后，编成立法事项建议目录。

建议目录是提供给立法主体制定立法规划的参考，从建议目录到立法规划这一环节，将把大部分的建议事项排除出去，这才是立法需求转化为立法实践的关键环节。目前一般的做法，是由立法者（人大法工委或者政府法制办）进行判断，形成初步的结论与立法规划草案后，上报党委会讨论决定，然后形成最终的立法规划。但这只是工作程序，至于实质的判断、审核、决定标准是什么，还没有明确的规定，主观性较大。根据立法的规律和技术规范，从众多的立法需求意见与立法事项目录中，选择哪些进入立法规划，从而为进入立法程序作准备，至少要建立考虑如下的实行性判断标准：第一，紧迫性，即不进行立法，目前面临的问题会给本地造成巨大的损害；第二，必要性；第三，不可替代性，即目前无论是从上位法还是规范性文件，或者目前的管理措施除立法以外的方式外，就无法解决目前面临的问题；第四，社会效益评估，即比较各类立法需求中，哪一种和几种需求，如果不通过立法来满足，会造成更大的损害；第五，可行性，即本地已具备立法的社会条件，所立之法在本地也具有执行或实施的条件，同时从立法技术与国家政策等方面，也有明确的依据。这些标准，可以通过进一步的指标细化，通过实际状况调研，得出相对可靠的结论。

2.完善立法需求征集机制的几项建议

享有立法权的地方人大常委会在编制立法规划、计划和制定地方性法规过程中，为了使立法决策与本地改革发展决策相适应，拓宽和增强广大人民群众参与地方立法的广度和力度，通过各种形式向社会广泛征集立法项目建议。公开征集立法项目，是地方立法工作向民主化、科学化进程的重要基础性工作，从立法的源头上为公众参与立法打开了大门。

《立法法》修改后，陕西省设区的市的立法主体由原来的2个迅速扩大到20个。为把这项开局很好的基础性工作转化为常规性工作，以保障陕西省地方立法的民主性和科学性，现提出以下建议。

（1）借助社会力量，收集、征集、整理、提炼立法需求意见。即使各市的人大法制工作委员会人员都配置为12人，也很难长期维持这一项基础性工作。而且随着各市立法工作的展开与深入，他们的立法任务也会越来越繁忙。因此，可以考虑借助社会力量来完成该项工作：①建立当地的立法调研基地，由立法调研基地负责该项工作；②委托专业机构完成该项工作，例如，高校的法学院或法律系、专业的立法研究机构等；③由立法顾问负责收集整理原始立法需求意见，并向人大提交。

（2）在建设基层立法联系点时，明确联系点收集、征集、整理立法需求意见的责任。向社会公开基层联系点及其负责人员的联系方式、工作地点，便于立法需求主体就近提交意见，并进行初步协商。

联系点定期向人大提交整理后的意见。

（3）研究、制定从立法需求意见到立法建议目录、立法规划、立法计划转化的工作标准与工作机制。

（4）制作立法意见表，规范立法意见，提高征求立法意见的质量，准确反映立法需求。

（5）建立立法需求意见反馈机制和立法需求反映常规机制。

三、立法规划、立法计划的制定及实施情况

作为统筹立法工作的基本方式，立法规划与立法计划是《立法法》等法律法规十分重视的内容。《立法法》第52条第1款规定，"全国人民代表大会常务委员会通过立法规划、年度立法计划等形式，加强对立法工作的统筹安排……"《立法法》第66条第1款规定，"国务院法制机构应当根据国家总体工作部署拟订国务院年度立法计划，报国务院审批……"《立法法》第77条规定，"地方性法规案、自治条例和单行条例案的提出、审议和表决程序，根据中华人民共和国地方各级人民代表大会和地方各级人民政府组织法，参照本法第二章第二节、第三节、第五节的规定，由本级人民代表大会规定。地方性法规草案由负责统一审议的机构提出审议结果的报告和草案修改稿。"《立法法》第83条规定，"国务院部门规章和地方政府规章的制定程序，参照本法第三章的规定，由国务院规定"。2001年11月16日，国务院颁布《规章制定程序条例》，对制定规章制定时的立项、起草、审查、决定与公布等程序作出了详细规定。2016年1月29日，陕西省修订2001年制定的《陕西省地方立法条例》，对陕西省地方性法规、地方政府规章的立法程序作出全面规定，也涉及立法规划与立法计划的内容。

（一）调研情况说明

立法规划、立法计划的制定与实施情况是此次立法调研的一项重要内容，能较为全面客观地反映出陕西省各设区的市立法工作的开展情况及其面临的问题。通过调研可以发现，各设区的市对立法均呈现出积极主动的态势，人大立法方面，10 个设区的市均已颁布了本市地方立法条例，制定了 2016 年度立法计划；个别的市还制定了五年立法规划。政府立法方面，部分市政府也制定了 2016 年度立法计划，并按照立法计划开始起草法规案或者规章案。与此同时，调研中也暴露出诸多问题，集中表现为立法规划、立法计划的制定不够科学，在立项时缺乏对地方特色的考量，各环节的审查与处理工作缺乏规范性的标准等等。这些多为初获立法权者容易出现的问题，应作为陕西省和各设区的市提升地方立法整体水平时的基础性重大问题、认真研究解决。

（二）调研指标说明与基本情况分析

1. 指标说明

本环节的调研事项为立法进展情况，重点为立法规划制定、立法计划制定与实施情况三个部分。其中，立法规划与立法计划制定主要包括立法规划(计划)项目的征集、对征集项目的审查与处理两个指标。立法规划（计划）项目的征集中又包括征集主体、征集对象、征集方式三个考察指标。对征集项目的审查与处理方面则包括审查的主体、审查的标准、处理的方式三个考察指标。立法计划的实施中包括法规（规章）案的起草、审议、发布三个环节。由于缺乏资料，对这三个环节的分析暂且置后，目前仅笼统考察各市的立法进度。对于立法规划、立法计划的制定，根据调研数据绘制了四份图表，分别是陕西省各设区的市人大立法规划统计表、陕西省各设区的市人大 2016 年度立法计划统计表、陕西省各设区的市政府2016年度立法计划统计表、陕西省各设区的市人大2016年度审议项目立法进度表。

2. 基本情况分析

表 2-8　陕西省各设区的市人大立法规划统计表

各设区的市	榆林	延安	安康	汉中	商洛	渭南	宝鸡	咸阳	铜川	西安
有无	无	无	无	无	有	有	无	无	无	曾有

从调研结果看，目前只有商洛市、渭南市人大制定了立法五年规划。西安市人大过去也制定过立法规划，但由于规划制定后法律制度或社会经济等方面发生变化，往往难以按照原定规划实施，所以近年来他们已不再制定五年立法规划，而仅制定年度立法计划。

表 2-9　陕西省各设区的市2016年度人大立法计划统计表

各设区的市	计划内容	项目数量
榆林	审议：榆林市地方立法条例、榆林市城市园林绿化条例 调研：榆林市城市规划管理条例、榆林市城市市容和环境卫生管理条例	4
延安	审议：延安市制定地方性法规条例、延安市城市市容市貌管理条例	2
安康	审议：安康市地方立法条例、安康城区限制燃放烟花爆竹管理条例、化龙山国家级自然保护区管理条例	3
汉中	审议：汉中市地方立法条例、汉中市户外广告设置管理条例 调研：汉中市物业管理条例	3

续表

各设区的市	计划内容	项目数量
商洛	审议：商洛市制定地方性法规条例、商洛市物业管理条例、商洛市农村饮用水安全管理条例 调研：商洛市农村环境污染管理条例、商洛市丹江流域管理条例、商洛市市容和环境卫生管理条例、商洛市城乡规划条例	7
渭南	审议：渭南市地方立法条例、渭南市湿地生态条例	2
宝鸡	审议：宝鸡市地方立法条例、宝鸡市市区餐厨废弃物管理条例 调研：宝鸡市地源热泵应用管理条例	3
咸阳	审议：咸阳市地方立法条例、咸阳市禁止焚烧秸秆管理条例	2
铜川	审议：铜川市地方立法条例 调研：铜川市城市市容和环境卫生管理条例、铜川市生活饮用水二次供水管理条例、铜川市文物保护管理条例、铜川市城镇养老服务设施规划建设管理条例、铜川市物业管理条例	6
西安	西安市制定地方性法规条例、西安市公园条例、西安市物业条例、西安市湿地条例	4

从调研结果看，各市普遍重视并制定了立法计划，但数量相差较大，其中铜川市、商洛市2016年度立法计划的项目最多，分别为6项、7项，其他市一般为2~4项。

表 2-10　陕西省各设区的市 2016 年度政府立法计划统计表

各设区的市	榆林	延安	安康	汉中	商洛	渭南	宝鸡	咸阳	铜川	西安
有无	有	有	未统计	有	有	未统计	有	有	无	有

与市人大相比，各市政府由于人员配备太少、政府立法工作复杂等原因，或者没有制定立法计划，或者有立法计划也仅包括 1~2 项。

表 2-11　陕西省各设区的市 2016 年度人大立法审议项目进度表

各设区的市	立法进度						
^	起草阶段			审议阶段			已颁布
^	调查研究	征求意见	政府审查	一审	二审	三审或报请批准	^
榆林	榆林市城市园林绿化条例	—	—	—	—	—	榆林市地方立法条例
延安	—	—	—	—	延安市城市市容市貌管理条例	—	延安市制定地方性法规条例
安康	—	化龙山国家级自然保护区管理条例	安康城区限制燃放烟花爆竹管理条例	—	—	—	安康市地方立法条例

076

第二章　2016年陕西省设区的市地方立法状况研究分析

续表

各设区的市	立法进度					
	起草阶段			审议阶段			已颁布
	调查研究	征求意见	政府审查	一审	二审	三审或报请批准	
	—	—	汉中市户外广告设置管理条例	—	—	—	汉中市地方立法条例
商洛	商洛市农村饮用水安全管理条例	—	—	商洛物业管理条例	—	—	商洛市制定地方性法规条例
渭南	—	城市市容环境卫生管理条例	—	—	渭南市湿地保护条例	—	渭南市地方立法条例
宝鸡	—	—	—	—	宝鸡市市区餐厨废弃物管理条例	—	宝鸡市地方立法条例
咸阳	—	—	—	咸阳市禁止焚烧秸秆管理条例	—	—	咸阳市地方立法条例

077

续表

各设区的市	立法进度						已颁布
^	起草阶段			审议阶段			^
^	调查研究	征求意见	政府审查	一审	二审	三审或报请批准	^
铜川	—	—	—	—	—	—	铜川市地方立法条例
西安	—	—	—	—	—	西安市物业条例、西安市湿地条例	西安市制定地方性法规条例、西安市公园条例

（三）立法进展状况分析

　　作为统筹立法工作的基本方式，立法规划与立法计划是《立法法》和《陕西省地方立法条例》十分重视的内容。立法规划与立法计划的制定要紧紧围绕全面建成小康社会、全面深化改革、全面依法治国、全面从严治党的战略布局，贯彻中国特色社会主义法治理论，主动适应改革和经济发展需要，发挥立法的引领和推动作用，加强重点领域立法，注重各方面法律制度的协调发展，深入推进科学立法、民主立法，拓宽、创新公民有序参与立法的途径和形式，着力提高立法质量。

　　目前，陕西省各设区的市人大都制定了2016年度立法计划，各市的立法计划一般为2~4项，其中铜川市和商洛市分别为6项和7项。

市政府法制办制定的立法计划，多为 1~2 项，或者未制定立法计划。

除立法计划外，商洛市和渭南市还制定了五年立法规划，立法规划制定较少主要是因为 2016 年恰逢各市本届人大、政府换届，考虑到与下一届人大与政府工作的一致性，多数地区选择留待下一届人大制定立法规划。

截至目前，新获立法权的 9 个市人大都已制定并颁布了本市的地方立法条例，西安市也已完成对《西安市制定地方性法规条例》的修订，并颁布了《西安市公园条例》。《榆林市城市园林绿化条例》《商洛市农村饮用水安全管理条例》2 个项目处于调研阶段，《化龙山国家级自然保护区管理条例》《城市市容环境卫生管理条例》2 个项目处于征求意见阶段，《安康城区限制燃放烟花爆竹管理条例》《汉中市户外广告设置管理条例》《咸阳市禁止焚烧秸秆管理条例》3 个项目处于政府审查阶段，《商洛市物业管理条例》进入一审阶段，《延安市城市市容市貌管理条例》《渭南市湿地保护条例》《宝鸡市市区餐厨废弃物管理条例》进入二审阶段，《西安市物业条例》《西安市湿地条例》正在报请省人大常委会批准。

（四）立法规划、立法计划的制定与实施中面临的困难

1. 对于立法规划应否制定、应如何制定存在疑虑

几乎所有的市都认为应当制定五年立法规划与年度立法计划，但目前多数市只制定了年度立法计划，而未制定五年立法规划，各地反映的原因基本为领导换届、担心实际效果、缺乏立法经验等。

2. 对应立什么样的法、怎样立法存在较大争议

在调研过程中发现，各地在立法之初都抱有较大的兴趣，希望借此解决工作中的难题。但立法工作实际展开之后，发现立法过程非常

复杂，很多问题争议较大，自己的立法也没有什么地方特色等等，立法积极性受到一定的影响，尤其是政府部门在参与立法后，认为还不如制定规范性文件便利。

（五）推进立法规划、立法计划的制定与实施工作的建议

1. 建议各市暂不制定五年立法规划

关于立法规划，《立法法》中规定了全国人大和国务院有制定义务，对于地方是否需要制定，则交由国务院与各省参照《立法法》另行规定。而在国务院制定的《规章制定程序条例》中，也只就年度立法计划的制定作出了程序性规定，并未涉及五年立法规划。在这种情况下，对于尚缺乏立法经验的市，能制定好立法计划就已经不易，因此，可以考虑暂缓制定立法规划，先从立法计划的科学制定做起。

2. 设区的市的立法应着重考虑地方特色与创新点，避免重复立法，不能为立法而立法

各地在选择立法项目时，要审慎考虑本市立法与国家、本省已有立法之间的关系，对于国家或本省立法已经有了较为明确的、详细的规定的，或者对于需要在全省统一规定的事项，如程序性问题，可通过省上统一立法的方式解决，各地不宜、也不需要再自行立法。

3. 加强部门间的立法协调

为此必须破除认为立法就是人大常委会法工委、政府法制办职责的错误观念，根据《立法法》的规定，明确地方人大及其常委会、人大各专门委员会、地方政府、政府各部门在立法中的分工和各自的职责，形成制度合力，共同推进立法工作。

四、立法工作制度建设情况

立法工作制度是国家法律制度的重要组成部分，是国家法律制度中具有前提性、基础性的制度。立法制度是指立法活动和立法过程所需遵循的各种规范的总称，其主要内容包括立法体制、立法主体、立法权、立法运作、立法监督等。立法制度是否健全，直接反映出一个国家法制的整体发展水平的高低。我国的立法制度由中央立法制度和地方立法制度组成。赋予设区的市地方立法权，是2015年《立法法》修改的一个重点内容，也是我国地方立法制度的一个重要的发展变化。

《中共中央关于全面推进依法治国若干问题的决定》提出："依法建立健全专门委员会、工作委员会立法专家顾问制度"，"加强和改进政府立法制度建设，完善行政法规、规章制定程序，完善公众参与政府立法机制，重要行政管理法律法规由政府法制机构组织起草"，"对部门间争议较大的重要立法事项，由决策机关引入第三方评估"，"加强人大对立法工作的组织协调，健全立法起草、论证、协调、审议机制，健全向下级人大征询立法意见机制，建立基层立法联系点制度"，"健全法律法规规章起草征求人大代表意见制度"，"完善立法项目征集和论证制度，健全立法机关主导、社会各方有序参与立法的途径和方式，探索委托第三方起草法律法规草案"，"健全立法机关和社会公众沟通机制"，"探索建立有关国家机关、社会团体、专家学者等对立法中涉及的重大利益调整论证咨询机制"，"拓宽公民有序参与立法途径，健全法律法规规章草案公开征求意见和公众意见采纳情况反馈机制"。十八届四中全会《决定》的精神，为新《立法法》所全面落实，立法制度建设情况，成为衡量立法主体立法能力的一个重要指标。

（一）调研情况说明

目前，《立法法》已经对我国立法工作制度中立法体制、立法主体、立法权限、立法监督等作出了明确规定，而且《立法法》第73条还特别规定"对上位法已经明确规定的内容一般不作重复性规定"，第77条规定"地方性法规案的提出、审议和表决程序参照法律案的相关程序，由本级人民代表大会规定"。《陕西省地方立法条例》第三章和第四章又专门规定了"设区的市地方性法规"和"地方政府规章"。因此，设区的市地方立法制度建设的重点在于建立健全地方立法运作机制，尤其是地方立法工作制度建设。基于以上原因，我们将本次调研的工作重点放在了解各市地方立法具体工作制度建设情况上。

陕西省10个设区的市中，西安市人大、西安市人民政府自1986年《中华人民共和国地方各级人民代表大会和地方各级人民政府组织法》修改后就已经开始行使地方立法权，经过30余年的立法实践和探索，西安市人大和西安市人民政府地方立法相关制度已经相对完善。2015年9月30日，陕西省第十二届人民代表大会常务委员会第二十二次会议通过了《陕西省人民代表大会常务委员会关于确定宝鸡等九个设区的市开始制定地方性法规的决定》，宝鸡、咸阳、铜川、渭南、延安、榆林、汉中、安康、商洛市人民代表大会及其常务委员会自该决定公布之日起，可以依法对城乡建设与管理、环境保护、历史文化保护等方面的事项开始制定地方性法规。这9个设区的市虽然在获得地方立法权之前就已经开始了立法相关准备工作，但大多数市的立法制度建设还处于起步阶段。调研组于2016年8月10日至9月底，就地方立法制度尤其是地方立法工作制度建设情况，与陕西省10个设区的市人大常委会和市政府法制办有关负责同志进行座谈，通过召开座谈会和发放问卷等方式，收集到各市有关地方立法制度的编制制度建设、组织机构制度建设、具体工作制度建设、社会主体参与立法制度建设等方面的大量资料，对陕西省地方立法制度建设情况进行了全面了解。另外，由于有的地方的立法制度建设相关资料还在收集整理之中，因此本章的数据、分析及结论不包含以上缺失的内容。

（二）地方立法工作制度分析指标说明与基本情况分析

1. 地方立法制度指标说明

十八届四中全会提出："建设中国特色社会主义法治体系，必须坚持立法先行，发挥立法的引领和推动作用，抓住提高立法质量这个关键。"立法是法治的前提和根基。建立完备的立法制度，则是提高地方立法质量的前提和基础。

地方立法制度包括了地方立法活动和立法过程所需遵循的各种准则和规范的总称。具体到这次调研，立法制度建设下共设基本立法制度、组织机构制度、具体工作制度、参与立法制度四个一级指标，在各个一级指标之下，又设若干二级指标，力求客观、直观、准确地反映各地立法制度建设情况。具体到四个一级指标：基本立法制度是指由各设区的市人民代表大会通过的，集中规定设区的市地方性法规案的提出、审议和表决程序的规范。组织机构制度是指规定各设区的市的人民代表大会及其常委会专门立法机关的机构编制、机构设置、队伍建设等方面的各项制度。具体工作制度是指规范各设区的市立法项目征集、立法需求调研、法规起草、审议、表决等方面的各项具体规则和程序。参与立法制度指规范专家、学者、社会组织等社会主体在各个立法环节参与立法活动的各项制度，主要包括公众参与立法制度、立法专家顾问制度、委托第三方起草法规案制度等。

2. 陕西省设区的市立法工作制度建设情况

表2-12 陕西省设区的市地方立法工作制度建设情况

安康市	(一) 基本立法制度	1. 文件名称		《安康市地方立法条例》
		2. 制定主体		安康市人民代表大会
		3. 生效时间		2016年4月22日
		4. 效力层级		地方性法规
	(二) 组织机构制度	1. 编制制度	(1) 制定主体	安康市机构编制委员会
			(2) 生效时间	2015年
			(3) 效力层级	规范性文件
		2. 其他制度		《关于调整市人大部分工作机构的通知》(安编发〔2015〕18号)
	(三) 具体工作制度	1. 议事规则		无
		2. 工作规程		无
		3. 立法听证		无
		4. 立法技术		无
		5. 其他制度		无

第二章 2016年陕西省设区的市地方立法状况研究分析

续表

安康市	（四）参与立法制度	1. 立法专家顾问制度	《安康市人大常委会立法咨询专家库管理办法》	(1) 制定主体 (2) 生效时间 (3) 效力层级	安康市人大常委会 2016年4月17日 规范性文件
		2. 委托第三方立法制度		无	
		3. 其他制度			
宝鸡市	（一）基本立法制度	1. 文件名称	《宝鸡市地方立法条例》		
		2. 制定主体	宝鸡市人民代表大会		
		3. 生效时间	2016年5月20日		
		4. 效力层级	地方性法规		
	（二）组织机构制度	1. 编制制度	《宝鸡市机构编制委员会办公室关于调整市人大机关编制等问题的通知》（宝编办发〔2016〕141号）	(1) 制定主体 (2) 生效时间 (3) 效力层级	宝鸡市机构编制委员会 2016年 规范性文件
			《中共宝鸡市委办公室关于印发〈宝鸡市人大机关主要职责内设机构和人员编制规定〉的通知》（宝办字〔2015〕111号）	(1) 制定主体 (2) 生效时间 (3) 效力层级	中共宝鸡市委办公室 2015年 规范性文件
		2. 其他制度		无	

085

续表

			(1) 制定主体	宝鸡市人大常委会
宝鸡市	（三）具体工作制度	1. 议事规则《宝鸡市人民代表大会法制委员会会议事规则》	(2) 生效时间	2016年8月10日
			(3) 效力层级	规范性文件
		2. 工作规程《宝鸡市人民代表大会常务委员会法制工作委员会工作规则（草案）》		未公布施行
		3. 立法听证		无
		4. 立法技术		无
		5. 其他制度		
	（四）参与立法制度	立法专家顾问制度《宝鸡市人大常委会立法咨询专家库管理办法》	(1) 制定主体	宝鸡市人大常委会
			(2) 生效时间	2015年11月2日
			(3) 效力层级	规范性文件
		2. 委托第三方立法制度		无
		3. 其他制度		无
汉中市	（一）基本立法制度	1. 文件名称		《汉中市地方立法条例》
		2. 制定主体		汉中市人民代表大会
		3. 生效时间		2016年4月25日
		4. 效力层级		地方性法规

续表

汉中市	（二）组织机构制度	1. 编制制度	无	
		2. 其他制度	《中共汉中市委关于进一步加强和改进人大工作的决定》	(1) 制定主体：中共汉中市委 (2) 生效时间：2014年12月21日 (3) 效力层级：规范性文件
	（三）具体工作制度	1. 议事规则	无	
		2. 工作规程	无	
		3. 立法听证	无	
		4. 立法技术	无	
		5. 其他制度	无	
	（四）参与立法制度	1. 立法专家顾问制度	《汉中市人大常委会立法咨询专家库管理办法》	(1) 制定主体：汉中市人大常委会 (2) 生效时间：2016年5月3日 (3) 效力层级：规范性文件
		2. 委托第三方立法	无	
		3. 其他制度	无	
铜川市	（一）基本立法制度	1. 文件名称	《铜川市地方立法条例》	
		2. 制定主体	铜川市人民代表大会	
		3. 生效时间	2016年5月1日	
		4. 效力层级	地方性法规	

续表

铜川市	(二)组织机构制度	1. 编制制度	无	
		2. 其他制度	无	
	(三)具体工作制度	1. 议事规则	无	
		2. 工作规程	无	
		3. 立法听证	无	
		4. 立法技术	无	
		5. 其他制度	无	
	(四)参与立法制度	1. 立法专家顾问制度	《铜川市人大常委会立法咨询专家库管理办法》	(1) 制定主体 铜川市人大常委会主任会议
				(2) 生效时间 不详
				(3) 效力层级 规范性文件
		2. 委托第三方立法制度	无	
		3. 其他制度	《铜川市人大常委会基层立法联系点工作规定》	
商洛市	(一)基本立法制度	1. 文件名称	《商洛市制定地方性法规条例》	
		2. 制定主体	商洛市人民代表大会	
		3. 生效时间	2016年6月20日	
		4. 效力层级	地方性法规	

续表

商洛市	（二）组织机构制度	1. 编制制度	无		
		2. 其他制度	《中共商洛市委关于进一步加强和改进人大工作的决定》	(1) 制定主体	中共商洛市委
				(2) 生效时间	2015年
				(3) 效力层级	规范性文件
	（三）具体工作制度	1. 议事规则	无		
		2. 工作规程	无		
		3. 立法听证	无		
		4. 立法技术	无		
		5. 其他制度	无		
	（四）立法参与制度	1. 立法专家顾问制度	《商洛市人大常委会法制和内务司法委员会关于成立市人大法工委法律专家咨询组的通知》（商人发函〔2015〕2号）	(1) 制定主体	商洛市人大常委会
				(2) 生效时间	2015年
				(3) 效力层级	规范性文件
		2. 委托第三方立法制度	无		
		3. 其他制度	无		

续表

			《渭南市地方立法条例》	
渭南市	(一) 基本立法制度	1. 文件名称	《渭南市地方立法条例》	
		2. 制定主体	渭南市人民代表大会	
		3. 生效时间	2016年6月22日	
		4. 效力层级	地方性法规	
	(二) 组织机构制度	1. 编制制度	《渭南市机构编制委员会关于印发〈渭南市机关主要职责内设机构和人员编制规定〉的通知》	(1) 制定主体 渭南市机构编制委员会
				(2) 生效时间 2016年
				(3) 效力层级 规范性文件
		2. 其他制度	《中共渭南市委关于进一步加强和改进人大工作的决定》	(1) 制定主体 中共渭南市委
				(2) 生效时间 2014年12月19日
				(3) 效力层级 规范性文件
	(三) 立法工作制度	1. 议事规则	无	
		2. 工作规程	《渭南市人大常委会法制工作委员会工作职责》	制定中
		3. 立法听证	无	
		4. 立法技术	无	
		5. 其他制度	无	

续表

渭南市	(四)参与立法制度	1. 立法专家顾问制度	《渭南市人大常委会立法咨询专家库管理办法》	(1) 制定主体 (2) 生效时间 (3) 效力层级	渭南市人大常委会 2016年7月 规范性文件
		2. 委托第三方立法制度		无	
		3. 其他制度		无	
咸阳市	(一)基本立法制度	1. 文件名称 2. 制定主体 3. 生效时间 4. 效力层级	《咸阳市地方立法条例》 咸阳市人民代表大会 2016年4月20日 地方性法规		
	(二)组织机构制度	1. 编制制度	《咸阳市机构编制委员会关于调整设立部分我市地方立法工作机构的通知》(咸编发〔2015〕24号)	(1) 制定主体 (2) 生效时间 (3) 效力层级	咸阳市机构编制委员会 2015年 规范性文件
		2. 其他制度	《中共咸阳市委关于做好我市地方立法工作的意见》中共咸阳市委关于做好我市地方立法工作的意见》(咸发〔2015〕3号)	(1) 制定主体 (2) 生效时间 (3) 效力层级	中共咸阳市委办公室 2015年7月28日 规范性文件

续表

咸阳市	(三)立法工作制度	1. 议事规则	无	
		2. 工作规程	《咸阳市地方立法工作规程》	(1) 制定主体 咸阳市人大常委会 (2) 生效时间 2016年5月4日 (3) 效力层级 规范性文件
		3. 立法听证	《咸阳市地方立法听证规则》	(1) 制定主体 咸阳市人大常委会 (2) 生效时间 2016年5月4日 (3) 效力层级 规范性文件
		4. 立法技术	《咸阳市地方立法技术规范》	(1) 制定主体 咸阳市人大常委会 (2) 生效时间 2016年5月4日 (3) 效力层级 规范性文件
		5. 其他制度	无	
	(四)参与立法制度	1. 立法专家顾问制度	《咸阳市人大常委会立法咨询专家库管理办法》	(1) 制定主体 咸阳市人大常委会 (2) 生效时间 2016年5月4日 (3) 效力层级 规范性文件
		2. 委托第三方立法制度	无	
		3. 其他制度	无	

续表

延安市	(一)基本立法制度	1. 文件名称	《延安市制定地方性法规条例》
		2. 制定主体	延安市人民代表大会
		3. 生效时间	2016年2月28日
		4. 效力层级	地方性法规
	(二)组织机构制度	1. 编制制度	无
		2. 其他制度	《中共延安市委关于进一步加强和改进人大工作的意见》 (1) 制定主体：中共延安市委 (2) 生效时间：2016年2月26日 (3) 效力层级：规范性文件
	(三)立法工作制度	1. 议事规则	无
		2. 工作规程	无
		3. 立法听证	无
		4. 立法技术	无
		5. 其他制度	《关于建立向下一级人大征询立法意见机制的通知》（延人办发〔2015〕49号） (1) 制定主体：延安市人大常委会办公室 (2) 生效时间：2015年11月3日 (3) 效力层级：规范性文件

续表

延安市	(四)参与立法制度	1. 立法专家顾问制度	《延安市人大常委会立法咨询专家库管理办法》	(1) 制定主体	延安市人大常委会
				(2) 生效时间	2016年5月18日
				(3) 效力层级	规范性文件
		2. 委托第三方立法制度	无		
		3. 其他制度	无		
榆林市	(一)基本立法制度	1. 文件名称	《榆林市地方立法条例》		
		2. 制定主体	榆林市人民代表大会		
		3. 生效时间	2016年3月25日		
		4. 效力层级	地方性法规		
	(二)组织机构制度	1. 编制制度	无		
		2. 其他制度	无		
	(三)立法工作制度	1. 议事规则	《榆林市人大常委会立法工作规程》	(1) 制定主体	榆林市人大常委会
				(2) 生效时间	2016年2月28日
				(3) 效力层级	规范性文件
		2. 工作规程	《榆林市人大常委会法工委立法工作规程》	(1) 制定主体	榆林市人大常委会工委
				(2) 生效时间	待定
				(3) 效力层级	规范性文件

续表

榆林市	(三) 立法工作制度	3. 立法听证	无	
		4. 立法技术	《榆林市地方立法技术规范》	(1) 制定主体: 榆林市人大常委会 (2) 生效时间: 待定 (3) 效力层级: 规范性文件
		5. 其他制度	《榆林市人大常委会基层立法联系点工作规定》	待定
	(四) 参与立法制度	1. 立法专家顾问制度	无	
		2. 委托第三方立法	《榆林市人大常委会立法咨询专家库管理办法》(草案)	(1) 制定主体: 榆林市人大常委会 (2) 生效时间: 待定 (3) 效力层级: 规范性文件
		3. 其他制度	无	

续表

		西安市制定地方性法规条例
（一）基本立法制度	1. 文件名称	
	2. 制定主体	西安市人民代表大会
	3. 生效时间	2016年6月17日
	4. 效力层级	地方性法规
（二）组织机构制度	1. 编制制度	无
	2. 其他制度	无
（三）具体工作制度	1. 议事规则	无
	2. 工作规程	无
	3. 立法听证	无
	4. 立法技术	无
	5. 其他制度	无
（四）参与立法制度	1. 立法专家顾问制度	《西安市人大常委会立法专家库管理办法》
		（1）制定主体 西安市人大常委会主任会议
		（2）生效时间 2016年3月17日
		（3）效力层级 规范性文件
	2. 委托第三方立法制度	无
	3. 其他制度	无

（表格对应"西安市"）

096

表2-13　陕西省设区的市地方立法工作制度分类统计表

设区的市	基本立法制度	组织机构制度	立法工作制度	参与立法制度	总计
西安市	1	未统计	未统计	1	14
咸阳市	1	2	3	1	7
榆林市	1	0	4	1	6
渭南市	1	2	1	1	5
宝鸡市	1	2	2	1	6
延安市	1	1	1	1	4
安康市	1	1	0	1	3
汉中市	1	1	0	1	3
商洛市	1	1	0	1	3
铜川市	1	0	0	2	3

（三）立法工作制度建设取得的成就

立法工作制度是指立法活动和立法过程所需遵循的各种规范的总称。立法工作制度是否健全，直接反映出一个国家或地方法治的整体发展水平。

中国共产党的十八届四中全会《决定》提出：依法建立健全专门委员会、工作委员会立法专家顾问制度；完善公众参与政府立法机制；对部门间争议较大的重要立法事项，由决策机关引入第三方评估；健全立法起草、论证、协调、审议机制；建立基层立法联系点制度；探索委托第三方起草法律法规草案；健全立法机关和社会公众沟通机制；探索重大利益调整论证咨询机制等。

目前，陕西省各设区的市均十分重视立法工作制度的建设。西安市人大及其常委会、西安市人民政府法制办的立法工作制度相对完善，仅西安市人大及其常委会关于立法工作制度的文件就有14部。从调研的结果看，自2015年《立法法》修改后，陕西省各设区的市均加强了立法制度方面的建设，都充分认识到了加强地方立法制度建设对于提高地方立法质量和水平的重要作用。尤其是新获得立法权的9个设区的市，制度建设基本是从零起步，但在近一年的时间内，无一例外地制定并公布实施了本地立法的基本制度，并且建立了或正在建立本地的立法组织机构制度、具体工作制度及参与立法制度。各市对加强立法制度建设的重视和相关实践，对保障地方立法权行使，规范地方立法活动，提高地方立法质量，推进法治陕西建设，都具有十分重要的意义。

（四）立法工作制度建设面临的困难

1. 制度建设还存在明显的观望态度

目前出台立法工作制度较少的市，并非没有意识到制定相关制度的重要性和紧迫性，而是认为"省人大正在修改他们的工作规程"，"如果现在制定的话，害怕他们之后再修改"，所以先观望。

2. 人员和编制不足，导致制度建设工作进展缓慢

就现状来看，大多数的地方都重视立法制度建设，"有能力就立法，没有能力就搞规章制度建设"。但人员和编制的不足严重影响了各地的立法制度建设。有的市虽然建立了法工委工作机构，但是具体的科室"现在连人都没有，就一个办公室主任，哪有力量来搞

这个事情"。

（五）推进立法工作制度建设的工作建议

1. 立法工作制度建设要有创新思路

十八届四中全会指出了立法工作制度创新的方向，也提出了要建立一系列立法工作制度。对于设区的市地方立法而言，例如，构建委托第三方立法制度，就不必只限于立法草案的起草一个环节，还可以考虑把各工作环节分别委托的方式，如立法调研、立法意见征集与处理、立法前评估、立法后评估、立法计划评估，都可单独委托第三方。目前，在立法力量与经验都不足的情况下，要从立法工作制度上探索充分借助社会专业力量的方式，提升本地立法工作每个环节的质量。

2. 在市一级立法工作制度建设中不宜追求"大而全"，需要由省人大或省人大常委会统一规定的，各市就不必再分别作出规定，尤其没有必要通过地方立法的形式来进行规范

例如，具有共性的立法技术规范，很难体现地方特色、解决地方特定问题，就不宜由各市再分别制定。

3. 进一步加强对地方立法工作制度内容的研究

立法工作制度建设是系统性工程，要先从法律和政策上理清立法工作制度的全面内容，再根据本地立法工作需要制定工作制度。

五、立法专家的聘任及履职情况

中国共产党十八届四中全会的《决定》提出，建设中国特色社会主义法制体系，必须坚持立法先行，发挥立法的引领和推动作用。深入推进科学立法、民主立法，完善立法项目征集和论证制度，健全立

法机关主导、社会各方有序参与立法的途径和方式，拓宽公民有序参与立法途径。使每一项立法都符合宪法精神、反映人民意志、得到人民拥护。面对我国利益格局深刻调整、利益诉求日益多元化的新形势，法律要实现多元利益的均衡协调，最重要的是构建完善的利益表达机制，使各种利益诉求都能上升到利益协商和对话的平台。因此，一定要按照党的十八大报告提出的要求，拓展人民有序参与立法途径，加快公民有序参与立法的进程。

新《立法法》第3条规定，立法应当遵循宪法的基本原则，坚持人民民主专政。可以看出我国的立法应当始终体现人民的意志，让公民参与其中，专家作为公民中的一部分，理应发挥其在立法工作中的作用。《立法法》第5条规定："立法应当体现人民的意志，发扬社会主义民主,坚持立法公开,保障人民通过多种途径参与立法活动。"《立法法》第36条更是将专家参与立法的权力进行了进一步的细化和规定。

《陕西省地方立法条例》第46条第2款规定："专业性较强的法规草案，可以吸收相关领域的专家参与起草工作，或者委托有关专家、教学科研单位、社会组织起草。"该条例第56条规定，"省人民代表大会常务委员会应当建立立法专家咨询制度……健全立法工作与社会公众的沟通机制"。各设区市人大的地方立法条例中也有立法专家顾问参与立法的相关规定：《西安市制定地方性法规条例》（2016年2月4日通过）第51条、《咸阳市地方立法条例》（2016年3月25日通过）第50条、《汉中市地方立法条例》（2016年3月25日通过）第53条、《铜川市地方立法条例》（2016年3月25日通过）第46条、《安康市地方立法条例》（2016年3月25日通过）第49条、《宝鸡市地方立法条例》（2016年3月25日通过）第49条、《商洛市制定地方性法规》（2016年5月26日通过）第52条、《渭南市地方立法条例》（2016年5月26日通过）第43条。在上述条例中对立法专家参与立法基本都作出如下规定:"专业性较强的法规草案,可以吸收相关领域的专家参与起草工作,或者委托有关专家、教学科研单位、社会组织起草。""对争议较大的重要立法事项,应当请有关专家、教学科研单位、社会组织等第三方参与"。

(一)调研情况说明

随着改革的深入推进及依法推进改革思路的确立,法律的立、改、废节奏加快,立法任务繁重,需要大量的专家参与、指导立法活动。同时,人大及常委会主导立法及提升立法质量的时代使命也要求建立一支相对稳定、精干高效的立法专家顾问队伍。十八届四中全会《决定》强调民主立法、科学立法,民主立法需要各方利益表达,科学立法需要将利益划分得更加专业和具有可操作性。立法专家顾问不仅可以代表社会各方成为立法利益表达的主体,而且还使得立法更具专业性和可操作性。2015年修订的《立法法》中明确提出建立立法专家顾问,即依法建立健全专门委员会、工作委员会立法专家顾问制度。将具备深厚专业知识和丰富实践经验的人员吸纳到立法活动中,使立法最大限度地体现公平正义。立法专家顾问设置情况作为本次地方立法调研的重要部分,通过对立法专家顾问的人数、专家来源、立法参与的方式、立法制度建设等方面,能较为充分地、客观地反映出陕西省10个设区的市的立法专家顾问制度的现况。在调研过程中,有的设区的市提交书面材料说明立法专家顾问设置的情况,有的设区的市以口头方式配合完成了对立法专家顾问设置的调研。设区的市政府法制办大多尚无专门的立法专家,故以下指标主要针对截至2016年11月设区的市人大立法专家予以分析。

（二）立法专家分析指标与基本情况

1. 指标说明（以各市立法专家设置情况为单位）

表 2-14　西安市立法专家分析指标

人数及基本情况	34 人	性别比例	最高学历	专家来源
		男性 21 人 女性 13 人	研究生及以上学历 34 人	政府及各部门 3 人、法院 2 人、律所 3 人、院校 23 人、人大 2 人、检察院 1 人
制度建设情况	《西安市人大常委会立法专家库管理办法》（2016 年 3 月 17 日通过）			
立法专家报酬来源	根据《西安市人大常委会立法专家库管理办法》规定，立法专家报酬从立法经费中支付，每人每次讨论支付 1000 元			
任期	1~3 年			

表 2-15　宝鸡市立法专家分析指标

人数及基本情况	22 人	性别比例	最高学历	专家来源
		男性 17 人 女性 5 人	研究生及以上学历 9 人、大专本科学历 13 人	政府及各部门 12 人、法院 3 人、律所 3 人、院校 2 人、政协 1 人、检察院 1 人
制度建设情况	《宝鸡市人大常委会立法咨询专家库管理办法》（2015 年 11 月通过）			
立法专家报酬来源	从立法经费中支出，具体数额不详			
任期	3 年			

表 2-16　汉中市立法专家分析指标

人数及基本情况	25 人	性别比例	最高学历	专家来源
		男性 20 人 女性 5 人	研究生及以上学历 18 人、大专本科学历 7 人	政府及各部门 8 人、法院 3 人、律所 2 人、院校 9 人、政协 1 人、其他 2 人
制度建设情况	《汉中市人大常委会立法咨询专家库管理办法》（2016 年 5 月通过）			
立法专家报酬来源	从立法经费中支出			
任期	3 年			

表 2-17　安康市立法专家分析指标

人数及基本情况	20 人	性别比例	最高学历	专家来源
		未统计	未统计	政府及各部门 13 人、院校 3 人、法院 1 人、律所 1 人、政协 1 人、市法学会 1 人
制度建设情况	《安康市人大常委会立法咨询专家库管理办法》（2016 年 6 月通过）			
立法专家报酬来源	从立法经费中支出			
任期	5 年			

表 2-18　商洛市立法专家顾问设置指标

人数及基本情况	9 人	性别比例	最高学历	专家来源
		未统计	未统计	政府及各部门 3 人、律所 4 人、法院 1 人、检察院 1 人
制度建设情况	无			
立法专家报酬来源	不详			
任期	不详			

表 2-19　咸阳市立法专家分析指标

人数及基本情况	30 人左右	性别比例	最高学历	专家来源
		男性 22 人 女性 8 人	未统计	未统计
制度建设情况	《咸阳市人大常委会立法咨询专家库管理办法》			
立法专家报酬来源	不详			
任期	不详			

表 2-20　渭南市立法专家分析指标

人数及基本情况	19 人	性别比例	最高学历	专家来源
		男性 15 人 女性 4 人	研究生及以上学历 6 人、大专本科学历 13 人	政府及各部门 11 人、律所 3 人、院校 3 人、法院 1 人、省法学会 1 人
制度建设情况	《渭南市人大常委会立法咨询专家库管理办法》（2016 年 8 月通过）			
立法专家报酬来源	从立法经费中支出			
任期	5 年			

表 2-21　铜川市立法专家分析指标

人数及基本情况	22 人	性别比例	最高学历	专家来源
		男性 21 人 女性 1 人	研究生及以上学历 5 人、大专本科学历 17 人	政府及各部门 10 人、法院 3 人、律所 6 人、院校 1 人、政协 0 人、检察院 2 人
制度建设情况	《铜川市人大常委会立法咨询专家库管理办法》（2016 年 3 月通过）《铜川市人大常委会基层立法联系点工作规定》（2016 年 9 月通过）			
立法专家报酬来源	目前由市人大常委会办公室保障			
任期	2016 年 8 月 15 日~2019 年 8 月 15 日			

表 2-22　延安市立法专家分析指标

人数及基本情况	19 人	性别比例	最高学历	专家来源
		男性 16 人、女性 3 人	研究生及以上学历 12 人、大专本科学历 7 人	院校 10 人、律所 4 人、政府及各部门 2 人、人大 2 人、企业 1 人
制度建设情况	《延安市人大常委会立法咨询专家库管理办法》			
立法专家报酬来源	从立法经费中支出，根据立法参与工作情况，原则上每次 2000~5000 元，贡献较大者，可适当增加			
任期	3 年			

表 2-23　榆林市立法专家分析指标

人数及基本情况	未统计	性别比例	最终学历	专家来源
		未统计	未统计	未统计
制度建设情况	不详			
立法专家报酬来源	不详			
任期	不详			

2. 具体分析

10 个设区的市中，西安市、宝鸡市、铜川市、渭南市、安康市、汉中市、延安市、咸阳市在立法专家顾问制度建设方面出台了相应的管理办法。在立法专家顾问制度建设方面主要从立法专家的入选条件、参与立法范围方式、立法活动期间的权利及应遵守的规定，以及立法经费和任期等方面进行分析。具体内容详见立法专家顾问制度分析部分。

（1）立法专家人数最多的是西安市（34人），其次是咸阳市（30人）（见表2-24），各设区的市立法专家的人数不一，差距较大，人数多寡是影响专家参与立法效果的因素之一。立法专家都是在本职工作之外参与到立法活动中来的，付出的精力也是有限的，在相同立法项目的前提下，人数太少，则平均到每个立法项目的时间和精力自然就少。因此，容易造成立法专家无法满足实际需要的局面。另外，人数过多也易出现专家参与性不强的现象，有的专家甚至在任期内未参与过一次立法活动。

表2-24 陕西省各设区的市立法专家人数

西安	宝鸡	汉中	安康	商洛	咸阳	渭南	铜川	延安	榆林
34	22	25	20	9	30	19	22	19	未统计

（2）从立法专家来源情况分析，主要来源于院校、律师事务所、人大、法院、检察院、政府及各部门，其中立法专家主要从政府及各部门中产生（见图2-1），这是因为立法质量的评判标准之一是法的可行性，政府及各部门专家长期从事实践工作，较其他立法专家相比，在实践经验方面更为丰富。多元化的立法专家来源有利于各专家集中于自己熟悉的专业领域，从不同侧面为人大立法工作提供可参考的专业信息。也有个别以院校作为主要专家来源，如西安立法专家中院校教师占总人数的68%。

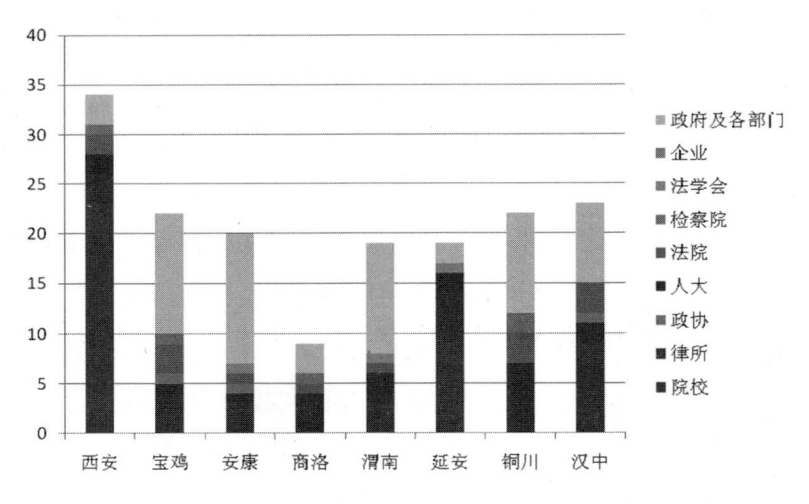

图 2-1　陕西省各设区的市立法专家来源情况

（三）立法专家顾问制度运行状况分析

中国共产党十八届四中全会的《决定》提出要依法建立健全专门委员会、工作委员会立法专家顾问制度。《陕西省地方立法条例》规定"省人民代表大会常务委员会应当建立立法专家咨询制度，健全立法工作与社会公众的沟通机制"。陕西省各设区的市人大制定地方立法条例中也对立法专家顾问制度作出专门规定，西安、宝鸡、铜川、渭南、安康、汉中、延安、咸阳 8 市还出台了相应的立法专家管理办法，内容主要涉及立法专家的入选条件、参与立法范围方式、立法活动期间的权利及应遵守的规定，以及立法经费和任期等方面。

从落实情况看，立法专家人数最多的是西安市人大，达到 34 人，其次是咸阳市，为 30 人。立法专家主要来源于高等院校、律师事务所、法院、检察院、政府及其各部门，其中政府及各部门的人员所占比例最大。

（四）立法专家顾问制度运行面临的困难

1. 已有的规定较为原则，欠缺操作性

各市虽已制定的《地方立法咨询管理办法》，但较为原则、操作性不强，与贯彻落实党的十八届四中全会《决定》"依法建立健全专门委员会、工作委员会立法专家顾问制度"的要求不相适应

2. 欠缺对立法专家的约束机制

多地反映，"立法专家参与立法的环节，要么是专家特别忙，要么是因为立法咨询费的不足问题，总之每次开会通知十几位专家参会，能有四五个到会就不错了，对于立法专家只能邀请，绝不能硬性规定，导致有些专家以出差或上课为由多次通知都不参加，作为立法机关我们也没有什么惩治性措施""专家库的管理比较松散，只能靠专家自身的自觉性来维持"。是否需要约束、如何约束，各地都缺乏对策。

3. 立法专家的作用尚未充分发挥

各地都表达对立法专家的厚望，"就指望专家帮我们把好立法关的同时，也帮我们提升一下立法水平，但有的时候就是指望不上这些专家"。这主要是立法专家的选择方式以及参与立法的方式等方面还存在明显的不足。

（五）完善立法专家顾问制度的建议

1. 建立立法专家参与立法的公开制度

（1）立法专家名单公开。除了要在人大网站上公开立法专家顾问名单外，还应当针对某一法案的讨论选择立法专家的姓名、本职工作，兼职工作予以公开，如果有民众反映因立法专家的本职或兼职工

作所涉及的利益与该项立法有关,经审查核实确定其对立法公正性有影响的,应当宣布该专家退出该项立法活动。

(2)立法专家顾问制度规则的公开。采用内部规则形式制定立法专家顾问细则,不代表该项规定不被人知晓,虽然立法专家参与立法活动只是立法决策机制中的外部影响因素,但毕竟对立法这种社会公共产品的产生起着越来越大的本质性作用,选择专家的条件、专家的行为等是否得当都会影响立法质量。对立法机关考核立法专家也有一个依据,同时也有必要让立法专家们了解有一个内部具体实施细则予以约束。

(3)立法专家参与立法过程公开。例如,将某一项立法中专家论证会的会议记录,由立法顾问搜集的立法背景资料、立法专家提出的最终成为法律法规内容的意见和建议、没有被采纳的意见和建议等均应以一定方式予以公开。此外,还包括立法专家行为的公开,例如,在邀请专家提供论证期间,各种新闻媒体都可以进行报道。这种公开,既是对立法专家的监督,也是对人大邀请和聘任工作的监督,最大限度地消除对不当利益的建议的采纳情况。

2. 建立立法专家参与立法的记录与考评制度

立法实践要得到推进和完善,必须依赖科学的立法观念、完备的立法技术,这就需要立法专家发挥专业领域特长,为立法的可操作性把关。从管理办法中分析,大多数仅是对立法专家所谓"义务性""纪律性"的规定,然而,仅依靠类似这样的规定尚不足以起到规范立法专家行为的实质效果,但若对立法专家参与立法活动的行为予以法定化、责任化,则在客观上会造成对专家话语权的阻碍,将会极大影响立法专家顾问机制实效的发挥。但现实中有的立法专家任期内没有参加过一次立法活动,有的即使参加了也没有对立法工作起到推进作用,有的提出的建议没有起推动立法工作的作用反而误导或阻碍立法工作的有序进行。虽然称其为立法专家但却没有能力或没有精力充分发挥推进立法工作的作用。

因此，有必要设立立法专家参与立法的记录与考评制度，将立法专家参与立法活动的次数，参与立法的具体形式，立法建议的采纳情况（如完全采纳、部分采纳、观点采纳、不采纳），立法建议书的提交情况（如书面提交、口头提交）等予以记录，以此作为考核、续聘、解聘立法专家的标准。同时，为提升立法专家的责任心，建议将立法专家出具的立法意见书签字归档，也便于立法机关比较全面地获得立法背景信息。

3.建立健全专家有效参与立法的工作机制

科学立法的核心在于尊重和体现客观规律，这就要求建立健全立法专家有效参与立法的工作机制，发挥好专家的顾问作用。近年来，立法部门日益重视专家在立法中的作用，但专家参与立法的渠道还不很畅通，专家参与立法的制度还不健全，专家在立法中的作用还发挥不够，很多地方政府和行政机关把专家请来就是为做样子、摆面子，并非从内心真正重视立法专家顾问的意见，负责法律法规规章起草的部门有时甚至存在根据自己偏好"选专家"，根据自己偏好"选择性对待专家意见"等问题，专家参与立法的工作机制还没有确立。

解决这一问题，需要重点做好以下几个方面的工作：一是立法机关需保障立法专家参与立法过程中的办公设备、经费使用，如果立法专家没有相应的办公设备和经费保障，则无法有效履行职责；二是立法专家本身也应放下身段认真地做好立法调研工作。对立法涉及的理论和法律政策规定以及当前面对的现实问题等要做好调研，提出科学的方案和意见。此外，专家要始终秉持客观、中立、理性的态度来对待工作，避免偏听偏信。对立法专家享有相关立法信息的知情权、经费支持保障等内容有必要予以规范，明确对专家提出的意见建议应当予以反馈。而立法专家在享有权利的同时，也应当履行相应的义务。特别是对专家应当认真履行工作职责提出具体要求，并明确专家的保密义务。

4. 探索建立单位型立法顾问制度

在调研中，部分人大工作人员表示需要相对固定的咨询对象，以方便日常答疑解惑，形成一种良性的、持续性的立法咨询机制。单位型顾问的优势是能有效消解由于专家的个人原因所导致的参与立法的随意性，稳定地为立法机构提供不同领域的专家意见，并具备参与更多立法工作环节的能力（如立法项目调研、立法评估）。单位型立法顾问的主体有：高校、科研院所、立法智库型机构、行业性组织（法学会、律协等）。

六、委托第三方参与立法

早在 20 世纪 80 年代，上海、重庆、北京、天津等市就已经开始尝试将立法项目委托给科研院所、律协起草。在国家法律和政策层面，对该制度的规范则出台较晚。2014 年 10 月 23 日，中国共产党第十八届中央委员会第四次全体会议通过的《中共中央关于全面推进依法治国若干重大问题的决定》中明确提出，要"深入推进科学立法、民主立法……探索委托第三方起草法律法规草案"。它从中央层面为委托第三方起草立法确立了制度依据。2015 年 3 月 15 日，第十二届全国人民代表大会第三次会议修正的《立法法》专门增设第 53 条，规定"专业性较强的法律草案，可以吸收相关领域的专家参与起草工作，或者委托有关专家、教学科研单位、社会组织起草"。《立法法》第 77 条规定，地方性法规案等的提出参照该规定，由本级人民代表大会规定。该条不仅为委托第三方起草立法确立了法律依据，还明确了地方人大作出进一步具体规范的立法义务。2016 年 1 月 29 日，陕西省第十二届人民代表大会第四次会议修订《陕西省地方立法条例》第 46 条规定，"专业性较强的法规草案，可以吸收相关领域的专家参与起草工作，或者委托有关专家、教学科研单位、社会组织起草"。它为陕西省委托第三方起草立法工作的开展指明了方向。

秉承中央精神和《立法法》的规定，在政府立法层面，2015 年 12 月 27 日，中共中央、国务院印发《法治政府建设实施纲要（2015~2020 年）》中要求各地"完善政府立法体制机制。严格落实立法法规定……探索委托第三方起草法律法规规章草案。定期开展法规规章立法后评估，提高政府立法科学性。对不适应改革和经济社会发展要求的法律法规规章，要及时修改和废止。加强行政法规、规章解释工作"。2015 年 2 月 26 日，陕西省人民政府在《关于落实〈政府工作报告〉重点工作部门分工的意见》中要求省政府法制办牵头、省市立法部门"加快完善政府规章制定程序，扩大法制机构和第三方起草法规、规章的数量，拓宽公民有序参与政府立法途径，坚决杜绝部门利益法律化现象"。2016 年 3 月 2 日，《陕西省人民政府办公厅关于印发 2016 年依法行政工作要点的通知》再次要求各地政府"以提高立法质量为重点改进立法工作……继续探索委托第三方起草方式……设区市政府结合本地实际，依法有序开展立法工作"。

通过上述中央与陕西省法律法规与政策规定可以发现，委托第三方起草立法已经成为我国立法制度体系中一个重要的组成部分。其确立的委托立法的实施要件为"专业性"，一是法律法规草案本身"专业性较强"，人大、政府本身的立法资源不足以解决该专业性问题；

二是被委托方具有"专业性"能力,属于该专业领域的专家,能依其专业能力,实现科学立法。对于更为具体的制度架构与规则,法律、法规尚未作规定,交由各地立法机关根据实际情况确定。

(一)调研情况说明

委托第三方起草立法是十八届四中全会和 2015 年修正的《立法法》确立的一项新的立法制度,其目的是提高立法质量,增强立法民主性与科学性,是地方立法能力建设体系中一个重要的组成部分。在此次发送各调研单位的"陕西省地方立法能力现状调研问卷"以及随后展开的实地调研中,我们均将"委托第三方起草立法"的制度建设与实际运行情况设置为一个专门问题。在调研中我们发现,一方面,为补充较为薄弱的地方立法能力,各设区的市对委托第三方起草立法均抱有较强的兴趣;另一方面,诸多顾虑的存在又使得这项工作的开展普遍较为迟缓,存在诸项亟待研究、解决的制度难题。

(二)调研指标说明与调研结果

1. 指标说明

委托第三方起草立法是指具有立法权限的国家机关将法律、法规、规章草案起草权委托给立法机关之外的第三方,以提高立法质量(特别是科学性)的制度。委托第三方起草立法针对的是立法机关自身资源的不足以及对部门利益法定化的警戒。因此,专业性、独立性(中立性)是被委托第三方最重要的资质条件,而委托机关对被委托事项的监督则是实现立法机关主导性作用的重要保障。为此,在建立该项目的评估指标时,我们将委托主体、被委托主体、委托权限、对委托事项的监督四项设定为一级指标。其中,委托主体要素体现委托权的来源，被委托主体要素体现该主体的资质条件是否符合委托目的，委托权限要素体现被委托方起草法规草案所应享有的各项权限是否具有，对委托事项的监督要素则反映作为委托方的立法主体发挥其主导作用的方式与手段。这四项一级指标相互关联，构成一个科学有效的委托立法制度的基本框架。而在这四项一级指标之下，则各自包含不同的分类指标，由此建构起完整的委托第三方起草立法制度体系。

2. 陕西省各设区的市委托第三方起草立法实施现状

经调研，委托第三方起草立法制度在陕西省呈现出两种截然不同的状态。一是在对委托第三方起草立法抱有强烈的兴趣和需求，二是存在诸多顾忌和疑虑，持观望状态。对委托第三方起草立法的浓厚兴趣源于新获立法权的各立法机关，其体制机制建设尚未完成，既缺人力，又少经验，对于应如何处理立法中的诸多专业性问题，例如于法有据不抵触与凸显本地特色的关系、制度创新与上位法的关系、人大立法与政府立法的关系、行政效率与权益保障的关系，单靠自己难以完成。因此，迫切希望能够借助具有专业经验的第三方的力量。

而之所以有需求缺实施，在于各地普遍存在一些顾虑。一是担心第三方对行政管理与社会实践不了解，起草的立法案不具有操作性。如有的地方认为"有些委托专家和高校制定的东西不接地气，它是从理论结构上没有问题，但是制定出来的东西无法适用、没法上会通过。不懂专业的人不知道怎么管"。二是有的地方担心财务审计，认为"这样立法既好用又省事儿，但是我们不敢，审计一查容易出现问题"。在上级机关尚未出台具体的规则之前，各地多持观望心态。

（三）委托第三方参与立法状况分析

委托第三方参与立法是十八届四中全会和2015年修正的《立法

法》确立的一项新的立法制度，对于提高立法质量、增强立法的科学性、民主性、实效性与稳定性具有重要意义。2015年3月15日修正的《立法法》第53条规定"专业性较强的法律草案，可以吸收相关领域的专家参与起草工作，或者委托有关专家、教学科研单位、社会组织起草"。《陕西省地方立法条例》第46条规定"专业性较强的法规草案，可以吸收相关领域的专家参与起草工作，或者委托有关专家、教学科研单位、社会组织起草"。政府立法层面，《法治政府建设实施纲要（2015~2020年）》中要求各地"完善政府立法体制机制。严格落实立法法规定……探索委托第三方起草法律法规规章草案。"陕西省政府在《关于落实〈政府工作报告〉重点工作部门分工的意见》中要求"加快完善政府规章制定程序，扩大法制机构和第三方起草法规、规章的数量，拓宽公民有序参与政府立法途径，坚决杜绝部门利益法律化现象。"2016年12月16日，《陕西省人大常委会关于委托第三方起草地方性法规工作的规定》经陕西省十二届人大常委会第77次主任会议讨论原则通过，对委托第三方起草或修改地方性法规的程序、受委托方的资格、工作方法和工作要求等作出了明确规定。

从实践看，陕西省部分设区的市在政府部门起草立法案环节，已有委托第三方参与起草立法草案的做法。由于该制度对被委托第三方的专业能力、程序与规则设计等均有较高要求，需要综合考虑多种因素，各设区的市基本采取了谨慎态度，总体上还处于探索阶段。

（四）委托第三方参与立法面临的困难

1. 谁作为委托主体，目前还是一个问题

根据现行法律，可向市人大提交法规案的主体包括：人大主席团、人大常务委员会、人民政府、人大各专门委员会、十名以上人大代表

联名；可向人大常委会提交法规案的主体包括：常务委员会主任会议、市人民政府、市人大各专门委员会、常务委员会组成人员五人以上联名。在实践中，起草主体主要还是政府部门与法工委。上述各类主体是否都拥有委托立法权，还是应该深入探讨的问题。

2. 选择被委托主体的标准，目前还不明确

根据法律法规的规定，作为被委托主体的第三方应是立法机关之外的"专家、教学科研单位、社会组织"。那么，以何种指标来评价和确认第三方所应具有的独立性和专业性也是各地难以把握的一个问题。

3. 委托费用缺乏基本的规范

由于缺乏直接的上位法依据，对于委托第三方参与立法应采取什么样的支付标准，经费来源为何是实施该制度面临的另一个现实难题。

4. 第三方的责任难以确定与追究

这是调研中各方普遍担心的一个问题。第三方起草的草案如果偏向理论性而缺乏可操作性，不接地气，执行效果不佳，由此造成的立法资源的浪费应否承担责任？如果不承担，如何增强其责任心；如果承担，如何将"立法实效不佳"的情形予以量化？其作为起草者应承担多大的、何种形式的责任？这些问题是该领域的普遍困惑。

（五）推动委托第三方参与立法的工作建议

1. 建构广泛的委托参与立法的制度体系

无论是将法规案的起草整体委托给第三方，还是委托第三方参与立法调研、立法评估等其他环节，都在于发挥第三方专业性、中立性

的优势，保障立法质量。在实践中，各地委托第三方参与立法调研等其他环节已经积累了相当的经验，这不仅有利于发挥人大对立法工作的主导性作用，也能更好地将专家的理论优势与立法部门的实践经验结合在一起，实现优势互补。因此，建议将立法工作各环节分解委托（如立法调研、立法需求征集、法规案起草、立法评估），立法主体也可以根据本部门的具体情况灵活选择。

2. 确立第三方的遴选标准

建议逐步建立委托第三方参与立法信息库，将不同领域的专家团队、科研院所、智库等纳入其中，进行分类管理，以便根据立法工作内容选择不同的第三方，确立委托对象。

3. 制定委托第三方参与立法的费用管理办法

为保障规则的统一性，建议由省上出台统一的委托第三方参与立法费用管理办法，确立委托第三方参与立法费用支出的分类、支付标准等问题，明确费用来源。

七、立法培训状况与需求

立法培训是法治培训的有机组成部分之一，我国已经建立了较为完备的法制培训制度。我国《宪法》第 27 条第 1 款规定："一切国家机关实行精简的原则，实行工作责任制，实行工作人员的培训和考核制度，不断提高工作质量和工作效率，反对官僚主义。"《宪法》第 107 条第 1 款规定："县级以上地方各级人民政府依照法律规定的权限……培训、考核和奖惩行政工作人员。"据此，接受培训为国家机关工作人员的宪法权利，提供培训成为各级政府的法定义务。《公务员法》专设第十章"培训"，其主要内容包括：（1）实行分级分类培训；（2）培训机构专门化与委托；（3）将培训分为初任培训、任职培训、专门业务培训、在职培训四种类型；（4）建立登记管理与考核制度；（5）资金保障等制度。这部法律构成对我国法治培训工作的基本法。2008年6月27日，中共中央组织部、人力资源和社会保障部发布《公务员培训规定(试行)》，进一步明确和细化了《公务员法》中的相关培训规定。该规定规定：（1）公务员的培训应当根据经济社会发展和公务员队伍建设需要，按照职位职责要求和不同层次、不同类别公务员特点进行。遵循理论联系实际、以人为本、全面发展、注重能力、学以致用、改革创新、科学管理的原则。（2）地方各级党委、人事部门、政府各部门分别承担主管、指导协调与实施职责。（3）明确了不同职务公务员、不同类型培训的最低培训时间要求。（4）确立了培训与自主选学、自学相结合的培训方式，并推广多样化的培训手段。（5）细化培训登记与评估制度。（6）建立周延的培训保障制度。针对公务员中的领导干部，2015年10月14日，中共中央发布《干部教育培训工作条例》，从干部培训的原则、培训管理体制、培训对象、培训内容、培训方式方法、培训机构、培训保障、考核与评估等方面，对干部教育培训作出了全面规范。

除了普遍性的公务员与干部培训法规政策外，各地也制定了一些专门规范立法培训的法规政策。2016年3月1日发布的《陕西省人大常委会办公厅2016年部门预算说明》中明确，省人大常委会的职能包括"指导全省人大工作，培训省人大代表和全省人大工作者……开展省人大代表和县级人大主任培训班，将乡镇（街道）人大主要负责同志轮训一遍……加强人大系统内的干部培训，组织开展市县人大系统的培训工作"。2016年3月2日发布的《陕西省人民政府办公厅关于印发2016年依法行政工作要点的通知》要求省市各级政府"提高政府立法质量。以提高立法质量为重点改进立法工作……省政府法制办要举办专项培训，提高立法队伍人员素质（省政府法制办，各设区市政府负责）"。

针对《立法法》修改带来的地方立法能力建设需求，2016年5月26日颁布的《陕西省实施〈中华人民共和国全国人民代表大会和地方各级人民代表大会代表法〉办法》第35条规定，"县级以上地方各级人民代表大会常务委员会应当有计划地组织代表参加履职学习，协助代表全面熟悉人民代表大会制度、掌握履行代表职务所需的法律知识和其他专业知识"。

（一）调研情况说明

立法培训是地方立法能力建设体系中的一个重要组成部分，也是反映本地地方立法制度建设完备性的重要指标。在提前发送各调研单位的"陕西省地方立法能力现状调研问卷"和实地调研中，我们均将"立法培训"设置为一个专门问题，重点围绕地方立法培训的实施情况与需求状况两方面展开。通过调研我们发现，各市对于立法培训工作均十分重视，通过各种方式开展了一定的立法能力培训，对于建立更为科学的常态化、体系化立法培训具有强烈的认知和需求。

（二）立法培训的调研指标说明与调研结果

1. 调研指标说明

立法培训属于公务员培训的有机组成部分，是指由主管部门负责，以提高立法能力为目的，以立法工作所涉及的相关机构（部门）、领导与工作人员为对象，围绕立法所需的政策与法律法规、理论知识与实践技能等展开的专门性业务能力培训。根据我国已有的有关公务员培训、立法培训的法规政策，在设计该项制度的建构与评价体系中，将培训管理体制、培训师资、培训对象、培训内容、培训方法、培训保障、考核与评估七项设为一级指标。这七项一级指标相互关联，构成一个科学有效的立法培训制度的基本框架。而在这七项一级指标之下，则各自包括不同的分类指标。

2. 调研结果

从此次调研结果看，人大方面，自2015年取得立法权后，在陕西省人大的努力下，各设区的市人大普遍开展了立法培训工作。以组织主体为标准，培训主要包括三种，分别是由全国人大、陕西省人大、各设区市的人大组织的立法培训。这三类培训的内容多为《立法法》，培训对象主要为各市法工委从事具体立法工作的工作人员。陕西省人大组织的培训较为灵活，除了培训讲座，还采取了让各市人大选派法工委工作人员到陕西省人大跟班学习立法的方式。三类培训中，全国人大与省人大组织的培训占主体，各市自主开展的培训相对较少。不过各市组织的培训中，培训对象较之前两种更为广泛，还分别包括人大常委会领导、人大其他专门委员会委员、本市政府法制办负责人等。

政府方面，除了咸阳市人大在组织培训时通知市法制办以及政府有关部门的分管领导和业务骨干一同参加外，其他市暂未开展专门的立法培训。

（三）立法培训取得的成就

立法培训是地方立法能力建设中的重要组成部分。《陕西省实施〈中华人民共和国全国人民代表大会和地方各级人民代表大会代表法〉办法》第35条规定"县级以上地方各级人民代表大会常务委员会应当有计划地组织代表参加履职学习，协助代表全面熟悉人民代表大会制度、掌握履行代表职务所需的法律知识和其他专业知识"。《陕西省人民政府办公厅关于印发2016年依法行政工作要点的通知》要求省市各级政府"提高政府立法质量。以提高立法质量为重点改进立法工作……省政府法制办要举办专项培训，提高立法队伍人员素质"。

陕西省各设区的市十分重视立法培训工作，已参加和开展了由全国人大、陕西省人大、本市人大组织的各类立法培训。陕西省人大还组织各市人大选派法工委的工作人员，到陕西省人大跟班学习立法的实际工作流程。从培训对象看，包括各市人大常委会机关领导、人大法制委和其他专门委员会的委员、常委会法工委工作人员以及政府法制办和其他涉及立法的政府有关部门的分管领导和业务骨干。

（四）立法培训工作面临的困难

1. 立法培训总体力度不够，缺乏常态性的培训机制

从目前立法培训的实际状况看，虽然开展了一些，但主要集中在2015年，而2016年的培训基本没有开展，主要原因是上级组织的培训尚未开始。这种被动性和目前立法人员能力亟待提高的现实之间形成极大的反差。

2. 立法培训对象范围过窄

突出表现为各地（特别是领导干部）普遍将立法单纯理解为是人大法制委、法工委或政府法制办的事情，与其他部门无关。因此，在培训时，对党委、人大及其常委会主管领导、除法制委之外的其他专门委员会及其工作机构、人大代表、政府分管领导、负责起草立法的部门领导等缺乏培训。

3.培训方式和内容单一

这主要表现为培训多为对《立法法》的宏观培训,缺乏针对性。而且,由于培训多为讲座形式,时间短,难以实施系统培训。加之有的授课人员缺乏立法经验,或对行政管理与地方实际等状况不甚了解,很难达到提升立法能力的效果。例如,有的同志反映,"之前搞了两次培训,就知道一些理论的东西,但涉及具体实践,实施过程中,到底怎么去和政府衔接,怎么去做具体工作,好多东西都不知道怎么去做"。

(五)提高立法培训水平的工作建议

1.建立类型化培训机制、实施精准化培训

就培训对象而言,类型化的培训原则要求立法培训工作应根据本地经济社会发展和立法队伍建设需要,根据培训对象职位、职责和需求的不同,制定合理的、有针对性的培训方案。具体到立法领域,立法培训对象既包括立法政策与计划的确立者,也包括实际立法工作人员,还包括立法工作的协作部门与人员。不同的主体其培训内容应各不相同。

立法政策与计划的确立者范围主要包括地方党委、人大、政府的一把手与分管领导。他们对立法在本地社会与政治经济发展中所起到的主导性地位的理解与认识,直接决定了领导层面对立法的支持力度,是立法体制机制得以科学、有效建立的首要条件。缺乏党政、人大一把手的支持与协调,可以说地方立法工作将举步维艰。因此,将领导干部纳入培训范围是立法培训方案制定时的首要环节。而针对这类主体的培训重点,则应集中在对立法政策、立法理论、立法工作统筹方法方面,以发挥其对本地立法工作的统领作用。

然而,关于立法主体,并非只限于人大的法制委、常委会的法工委与政府法制办。还包括提出立法项目申请、承担法规案起草与审议、表决任务的政府各部门、人大各专门委员会及其工作机构以及人大代表。根据《立法法》的规定，他们在立法的不同程序环节承担各自不同的立法职责，均构成立法培训的主要对象。基于这类主体的业务性特点，对他们的培训应侧重于立法调研、意见征集与分析、立法评估方法、立法草案的起草方法与标准、立法审议的程序与方式等。

除了上述立法主体外，立法活动还需要其他部门的配合。如编办、财政部门以及其他保障部门等，他们也应对立法工作有总体性了解。

2. 提供多元化培训方式

就培训方式而言，除了过去传统的立法政策与理论的学习外，还应增加具有针对性的立法实训模块，以增强培训实效。例如，可以开展立法需求的征集与处理模拟、模拟立法调研、撰写立法草案、立法前（后）评估实训、工作观摩等。通过这种训练，快速提供培训对象的立法实际能力。

3. 建立常态化立法培训机制

建议各市制定年度立法培训计划，理顺本机关（部门）培训与上级机关（部门）培训之间的承接关系，并逐步建立包括培训登记与考核、评估制度在内的立法培训管理机制，保障培训的规范、有序实施。

4. 建立专业立法培训平台

建议通过建立本地立法培训基地来提升立法培训的专业化水平。可通过招投标等形式，将一个或数个具有立法培训能力的机构纳入其中，专门负责本地立法培训。该基地可以负责提供不同类型的、专门性的培训师资（包括本机构专职培训师、高校教师、人大政府立法专家等），负责编撰立法培训资料，进行立法培训日常管理与考核等。

八、立法经费配置情况

（一）立法经费指标体系说明

立法经费是立法工作的物质保障，是与立法相关的各项活动开展的物质支撑。立法经费涉及的指标主要有：立法经费来源、经费支配主体、申请依据与申请程序、经费额度与细目、经费用途等。立法经费向哪个部门申请，就是立法经费的来源问题，包括直接向人大或政府申请经费和向地方财政申请。立法经费的申请依据是指立法经费是以年度为计算方式来申请，还是以项目为单位进行申请，也可以理解为申请的频率，是一年申请一次，还是每进行一个立法项目申请一次。立法经费的申请程序就是采取各种方式申请取得经费，是提前根据立法项目初期的规划做好预算提请审核，还是直接先申请固定数额的经费，在实际使用过程中再灵活决定是否再次申请。立法经费的额度范围，即指年度立法经费的数额或每个立法项目的经费数额虽然具体情况不同，但是应当控制在合理的范围之内，避免立法经费的无限使用甚至滥用。立法经费由哪个部门来支配是非常关键的问题，人大是立法过程中的主导者，但是其他部门也有参与到立法过程中的机会，也有经费消耗，经费是全部由人大来主导还是各部门自己所需的经费由自己主导，例如，征集立法需求的费用、调研立法项目的费用、聘请专家论证的费用、起草的费用、聘请立法咨询专家的费用、委托第三方的费用、公开征集意见的费用等立法过程必不可少的费用。立法经费应当用于哪些阶段，即立法过程中的各个阶段及其负责的主体是否有权申请经费。

地方人大和政府在明确了这些问题之后，才能合理地申请和使用立法经费，使立法经费成为立法的坚实基础和稳固保障。

（二）立法经费的调研情况

在本次调研过程中，我们通过座谈和问卷调查的方式对各地的立法经费进行了有限地了解。

在对各地市的人大常委会法工委和政府法制办进行调研座谈时，调研团队对各地在立法过程中的立法经费的有无及具体运作进行了询问，由于没有统一规定，各市也没有出台相应文件进行规范和确定，所以情况差别较大。

通过以上对各地市立法经费状况的客观描述，我们可以将各地市立法经费的有无即支配情况分为三类：一是没有立法经费。不论是人大层面还是法工委层面都没有给立法提供经费。二是有立法经费，但是在人大常委会的账户。此类情况包括人大根据立法项目和进展状况给法工委以经费支持，及法工委根据立法项目向财政局申请经费，申请到的经费统一拨到常委会的总账上。三是有立法经费，且由法制（工）委自主支配。此类情况即法制（工）委根据项目获取相应的专项立法经费，并根据立法进展状况和立法方式选择来自主支配经费的使用。

我们在调研中设计了问卷调查环节，其中关于立法经费的问题是"2016年度的立法经费预算是多少？""是否充分？"问卷共收回13份，结果如下：对于"2016年度的立法经费预算"的问题，只有一份问卷填写"80万元"，其余问卷均未填写该项内容；对于是"立法经费是否充足"的问题，有3份问卷选择充分，占23%；4份问卷选择不充分，占31%；6份问卷认为不清楚，未做选择，占46%。问卷调查的结果显示，只有23%的被调查者认为立法经费是充足的，所占比例较小。只有一份问卷填写了立法经费的具体数额，其他均未填写，具体原因是没有立法经费还是被调查者不清楚具体数额，无从得知。

通过对各地的调研座谈，获取到的关于立法经费的信息比较少，各地的做法也不统一。主要原因是很多地市的立法工作刚刚起步，很多地市都只制定过地方立法条例，地方立法的经验很匮乏，在建章立制中首先考虑的是人员和机构等问题，立法专项经费相关的机制和规范尚未完善。在立法过程中涉及的费用，有些地市直接用常委会的经费或部门自己的经费，常委会对立法工作也很支持；有些地市有专项的经费，但是没有具体的使用规范，对经费使用的把控较为严格，所以立法过程中经费很少使用。总体来看，各地的人大对立法工作都比较支持，不少反映不存在经费缺乏的困难，主要问题是存在于立法经费如何申请和如何使用方面。

（三）存在的困难和问题

1.没有法律和政策的保障，没有建立立法经费的统一标准

新修订的《立法法》虽然赋予了设区的市地方立法权，但是对立法经费的问题却没有任何原则性或具体性的规定，其他法律法规中也未对立法经费的保障和具体运作作出规定。立法经费在申请和使用上存在着很多空白。陕西省各设区地市仅提到"立法项目调研费用""专家论证费用""委托第三方费用"等几种用途，而未对整个经费的用途作出明确的规范。在立法过程中的哪些阶段需要申请费用，哪些部门有权申请，各市均不明确。

2.立法经费数额不明确，经费不足或过剩

在调研过程中，绝大多数地市未对立法经费做出明确说明，年度立法经费或每一个立法项目的经费具体数额或范围是多少，在调研中均未了解到。只有一个地市对立法经费的数额提出了建议："一年下来最少得二三十万行政经费，包括一是到外地考察；二是组织人大、

有关政府部门、立法专家定期起草、修改。给聘请的专家发补助；三是委托第三方来起草。"

各地对经费的需求和使用情况也各有差异，部分地市认为目前的立法专项经费不足，"从财政项目支持来说的话，这方面经费还没有明确，保障方面还没有完全落实"，"经费保障和立法工作人员选配进展缓慢，与全国人大和省人大对立法能力建设的具体要求有一定的差距，还不能很好地适应当前立法工作任务需要。"但是与之相反，还有另外一些地市认为立法经费过剩，"没有机制体制和人员的问题，就不存在经费的问题。钱都花不完，现在经费一年不到三十万都花不完。原来是钱不够用，八项规定以后，钱就没人敢动。年年花不出去。"

3. 人大没有立法经费主导权

人大在立法中的主导作用，在《立法法》有明确的规定，人大对立法经费的主导是其主导作用的重要体现，人大可以通过掌握经费的支出与动向来把握整个立法过程的进展，确保和把关每一个阶段的质量，从而整体把握立法质量。但是在调研过程中，有地市的人大没有立法经费，在立法过程中，负责起草的政府部门向人大申请经费，人大只能答复让部门自己向财政申请，使人大处于非常被动的地位，也不利于调动部门的立法积极性。

4. 立法经费使用用途不明确

在调研中,各地市仅提到"立法项目调研费用""专家论证费用""委托第三方费用"等几种用途，未对整个经费的用途作出明确的规范。在立法过程中的哪些阶段需要申请费用，哪些部门有权申请，各地市均未反映具体情况。

（四）关于规范立法经费的工作建议

1.研究制定立法经费预算细目，立法经费预算细目要能够覆盖立法工作全部环节，以全面保障立法工作的物质基础

一般来说，立法工作包括立法需求征集、立法规划和立法计划调研与制定、立法调研、起草（部门起草、第三方起草）、审议、立法培训、专家咨询、各类评估等工作，这是制定立法预算细目的依据，把经费保障到具体的立法环节。各地可依据下年度立法工作安排，根据立法工作进展的需要，制作立法经费预算。

2.把立法经费与工作经费两者分开设置

从调研的情况看，各地基本上把立法经费与工作机构的工作经费两者混同，认为工作经费就是立法经费。其实两者是不同的，工作经费是用于机关正常运转所需经费，而立法经费则是专项用于立法各个工作环节的经费，所需费用远大于工作经费。

3.部门立法草案起草的经费设置问题

在调研中发现，不少市的立法草案是指定给政府部门起草的，所提交的草案往往因为质量不高，要么是由法制办重新起草，要么是由人大反复修改，几方关系弄得不是很协调。在背后，有部门缺乏立法人员、立法经验不足、领导不重视等各种原因，但缺乏立法经费也是原因之一。实践中，有的不部门只把立法草案起草视为常规工作，安排人员起草；起草人员也把该项工作视为一般的文书工作。有立法需求或立法任务的政府部门，设置专项的立法经费，是必要的。

4.建议立法经费直接拨付立法工作机构，由立法工作机构统一使用与分配

由立法工作机构统一使用立法经费，可能是目前较为合理的一种

选择，因为这些机构直接从事立法工作，掌握具体情况，也有立法经验，由其根据年度立法计划安排立法年度预算，并统一使用、支配立法经费，是可以考虑的方案。建议各地市按照项目分配经费，地方性法规的经费由负责立法工作的法工委或法制委负责使用，规章的经费由法制办负责使用，建立专项账户，统一支出，且由法工委或法制委、法制办对经费的使用情况负责。

第三章

陕西省设区的市地方立法能力状况调研成果要报

一、在立法机构与人员设置方面

二、立法需求方面

三、立法规划和立法计划制定方面

四、立法工作制度建设方面

五、立法专家顾问方面

六、委托第三方参与立法方面

七、立法培训方面

第三章 陕西省设区的市地方立法能力状况调研成果要报

为落实十八届四中全会通过的《中共中央关于全面推进依法治国若干重大问题的决定》之精神,陕西知行地方治理研究中心、西北政法大学法治陕西建设协同创新中心、陕西省法学会成立联合调研组(成员:王周户、安子明、张佐国、王丹红、周敏、高岭、王欣、刘慧),以陕西省设区的市地方立法能力状况为样本,着力探索我国地方立法与地方治理现代化的基本规律。2016年7~10月,在陕西省人大常委会法工委、陕西省政府法制办的大力支持下,调研组对陕西省10个设区的市地方立法能力状况进行调研,已形成《陕西省设区的市地方立法能力状况蓝皮书(2016)》。10月21日,在西北政法大学召开了陕西省各设区的市立法机构与国内知名的立法专家参加的"2016年度陕西省设区的市地方立法能力状况与提升研讨会",在达成共识的基础上,调研组向陕西省委省政府提交了《关于提升陕西省设区的市地方立法能力的工作建议》,引起陕西省立法机构、法律界、学术界的高度重视,反响强烈。

调研组在与各方充分研判和论证的基础上,提升形成了如下研究成果。

一、在立法机构与人员设置方面

自2015年9月以来,陕西省新获立法权的9个设区的市均按照法律和政策的相关要求,设立了专门的立法工作机构并配备了相应的立法工作人员。各市以"两个委员会、一套班子"的模式,在本级人大下设置了法制委员会,在本级人大常委会下设置了法制工作委员会。各市人民政府法制办的机构设置在《立法法》修改前后变化不大，仅少数市增加了法规科，其中1市增加了立法科。

目前面临的困难和问题主要包括：各市人大常委会法工委的机构建设不统一；现有科室之间职责不清，法规科往往承担了大量立法工作以外的事务；已设科室编制不足且人员未完全到位。各市人民政府法制办较人大而言更为严峻，有地方反映无论是政府的法制机构还是政府部门的法制机构在机构改革上都是弱化了，仅有4个市增加了法制办的编制，除西安市外的其他9个市人民政府法制办仅是市人民政府办公室的内设机构，承担着各种综合性事务。

调研组建议陕西省根据人口数量、经济发展状况、立法需求、人大代表数量等情况，出台各市立法工作机构内部的科室设置标准的指导意见。在此基础上，要求各市编办尽快为人大常委会法工委、政府法制办配齐工作机构，以承担起各市的地方立法任务。建议各市明确界定人大常委会法工委、政府法制办具体的工作职责，避免其过多承担立法外事务，并考虑从律师、法学专家等有法制经验的人员中选任立法人员，尽快配齐立法工作人员。另外，建议在市委市政府层面设立立法工作领导小组，统筹、推进全市立法工作，协调各部门、各单位有效参与立法。

二、立法需求方面

陕西省各市在行使立法权之初，即在征集立法需求意见方面形成了如下工作模式：由省人大进行统一工作部署，各市人大牵头，与各市人民政府法制办协作，征集立法需求意见。该模式为立法规划与立法计划的制定奠定了一定的工作基础。

目前面临的困难和问题主要包括：立法需求意见征集方式不够规

范，带有一定的随意性，很难保证立法建议的质量；缺乏归档保存机制；立法需求意见征集工作缺乏连续性，面临中断的危险。

调研组建议陕西省借助社会力量，收集、征集、整理、提炼立法需求意见。在各市建立当地的立法调研基地、委托专业机构（如法学院校、专业的立法研究机构等）或由立法顾问承担该项工作；在建设基层立法联系点的同时，明确其收集、征集、整理立法需求意见、定期向人大提交整理结果的责任。制定从立法需求意见到立法建议目录、立法规划、立法计划转化的工作标准与工作机制。

三、立法规划和立法计划制定方面

目前，陕西省各市人大都制定了 2016 年度立法计划，有两个市的人大还制定了五年立法规划。与市人大相比，市人民政府法制办多不制定立法计划，已制定的立法计划一般包含 1~2 个立法项目。

目前面临的困难和问题主要包括：各市对应否制定、如何制定立法规划存在疑虑；对应立什么样的法、怎样立法争议较大；个别政府部门认为立法还不如制定规范性文件便利。

调研组建议陕西省各市在目前普遍缺乏立法经验的情况下，暂不制定五年立法规划，先从立法计划的科学制定做起，并树立正确的立法观念。

四、立法工作制度建设方面

陕西省各市都建立了或正在建立本地的立法组织机构制度、具体工作制度等。其中，西安市人大及其常委会、西安市人民政府法制办的立法工作制度相对完善，仅西安市人大及其常委会关于立法工作制度的文件就有 14 部。

目前面临的困难和问题主要包括：各市在立法工作制度建设方面还存在明显的观望态度；在制度建设中存在追求"大而全"的倾向。

调研组认为立法工作制度具有普遍性与同质性，很难体现地方特色（如立法技术规范），建议这类规范由省人大或省人大常委会统一制定，各市不宜再作重复性规定。

五、立法专家顾问方面

陕西省各市都很重视立法专家顾问制度建设。立法专家顾问人数最多的达到 34 人，主要来源于高等院校、律师事务所、法院、检察院、政府及其各部门，其中政府及其各部门的人员所占比例最大。

面临的困难和问题主要包括：已制定的立法专家顾问咨询管理办法较为原则、操作性不强；立法专家顾问的选择方式以及参与立法的方式等方面还存在明显的不足；欠缺对立法专家顾问的约束机制。

调研组建议陕西省探索建立具有持续性、稳定性、综合性等优势的单位型立法顾问制度，范围可包括高校、科研院所、立法智库型机构、行业性组织（如法学会、律师协会等）。建立立法专家顾问参与立法的公开制度，并将其参与立法活动所提出的具体建议作为考核、续聘、解聘的依据。同时，建议将其出具的各类专家意见整理归档，实施规范化管理。

六、委托第三方参与立法方面

陕西省部分市在政府部门起草立法案环节，已有委托第三方参与起草立法草案的实践。总体而言，大多数市尚处观望状态，对遴选第三方的标准、委托费用、第三方责任等问题尚存疑虑，委托第三方参与立法的实践尚未完全展开。

调研组建议陕西省可以把立法工作各环节分解委托，如可分解为立法调研、立法需求征集、法规案起草、立法评估等委托事项。确立第三方遴选标准，逐步建立第三方参与立法信息库，将不同领域的专家团队、科研院所、智库等纳入其中，进行分类化管理。出台统一的委托第三方参与立法费用管理办法，明确费用支出的科目、支付标准等事项。

七、立法培训方面

陕西省各市立法工作人员目前主要参加了全国人大、陕西省人大、本市人大组织的立法培训。另外，各市还选派人大常委会法工委工作人员，到陕西省人大跟班学习。立法培训的对象主要包括各市人大常委会机关领导、人大其他专门委员会的委员、市人民政府法制办以及涉及立法的政府有关部门的分管领导和业务骨干。不过，也有的市至今自己尚未组织和开展过立法培训。

面临的困难和问题主要包括：各市立法培训总体力度不够，缺乏常态性的培训机制；立法培训对象范围过窄，突出表现为各市（特别是领导干部）普遍将立法单纯理解为是人大法制委、人大常委会法工委或政府法制办的事情，与其他部门无关；培训方式和内容单一，多为讲座形式，缺乏针对性。

调研组建议陕西省建立专业的立法培训平台或基地，通过招投标等方式将具有立法培训能力的专业机构纳入其中，专门负责本地立法培训。建议各市制定年度立法培训计划，实现立法培训常态化。建立类型化立法培训机制，实施精准化培训。对领导进行立法政策、立法理论、立法工作统筹方法等培训；对立法工作人员进行立法调研、意见征集与分析、立法评估方法、立法草案的起草等培训；对与地方立法相关度较高的政府部门领导及工作人员进行针对性培训。增加立法实训模块，通过立法调研模拟、立法草案撰写、立法文书训练等各立法工作环节的实训，有效提升立法工作能力。

展　望

　　陕西省经过一年严密的工作部署与紧张的工作，9个新获得立法权的市，已基本完成立法工作的整体架构并已展开了相关的立法工作，取得了开拓性的成就，为以后各市立法工作的顺利展开奠定了扎实的基础。但由于立法工作本身的复杂性、各市又是在筹建立法机构的同时展开立法工作，使目前面临的各种困难与取得的进展不可避免地带有初始性的特点。目前取得的成就与面临的困难，都将对本地立法权的行使影响深远，需要审慎研究、持续关注，及时调整。

　　本次调研对于课题组来说也是一种新的尝试，感谢陕西省人大法工委和陕西省政府法制办的大力支持、陕西省10市人大法工委和法制办的配合，没有这种支持和配合，调研组无法完成这一工作浩繁的尝试性调研工作！感谢陕西省法学会在本研究成果转化过程中所作的努力，使本次调研成果得以提交有关决策机构，直接推动了陕西省地方立法工作的深入开展。

　　把法学理论与立法实务相结合，以一省为单位展开研究与分析，综合强、难度大，这对于法学界来说，也是需要在方法上、理论上、立法实务上不断探索前行的课题。按照课题组的研究计划，对陕西省地方立法能力状况的调研，将以五年为周期，以观测陕西省地方立法的规律与发展趋势。本次调研是整体研究计划的第一步，在研究经验、调研方法、实践积累等方面，都与9个新享有立法权的市一样，存在这样那样的不足需要不断探索与提升。

地方立法能力提升研究是一个任重道远的课题，在未来的几年中，调研组将继续在陕西省调研、在其他省市调研，与立法机构建立深度合作关系，展开深度研究。而这些研究将力求实现如下双重目标：一是推动陕西省地方立法质量与立法水平的提高；二是把实证研究方法引入立法理论与实践的研究，为中国立法的精细化提供工具性支持。

陕西富能律师事务所

陕西富能律师事务所1994年成立于能源富集地陕北榆林。希冀"论理说法聚英才于能源富集地，优质高效求发展在西部开发时"。

陕西富能律师事务所是陕西省文明律师事务所、陕西省优秀律师事务所、全省律师文化建设示范律师事务所、第五届全国法律援助工作先进集体、陕北地区首家入选企业破产管理人名册的社会中介机构、榆林市律师事务所中唯一的一般纳税人。

律师中数名律师被授予"全国优秀律师""陕西十佳律师"等称号，当选市人大代表、入选市人大法制委委员，参与当地立法工作。

陕西富能律师事务所于2006年开设榆林律师网，自2007年起与榆林学院建立法学教育与司法实践合作项目，同年设立富能律师助学金。

富能律师事务所还与多家知名律师事务所签订战略合作联盟。举办了"能源新都建立与发展过程中的刑辩回顾与展望——富能论坛""陕西省社会法学研究会2014年会暨社会法视野下的劳动与社会保障——富能论坛""陕晋蒙宁甘接壤区域律师合作与发展——榆林论坛"等。

律所设12个专业部门。为数百家客户担任法律顾问。在矿业权、土地权属、房地产、金融、公司等民商事务、行政诉讼以及刑事诉讼等领域有长期深入的研究和实践。在榆林地标建筑——榆商大厦27层拥有自行投资的 2700m^2 的办公场所。不断探索区域律师的专业化、规模化之路。

网　　址：http://www.yulinlaw.com

公众微信：富能律师

邮　　箱：funenglaw@163.com

咨询热线：0912-3285429

深化立法体制改革 韬达不懈助力前行

2014年10月23日党的十八届四中全会，2015年3月15日新修订的《立法法》赋予设区的市地方立法权，标志着中国立法体制改革又迈出了划时代的一步。陕西知行地方治理研究中心（以下简称知行研究中心）积极参与到这一立法新政的调研中，整个调研过程中，作为合作单位的陕西韬达律师事务所（以下简称陕西韬达）和知行研究中心同心合力，共同推动这项调研工作深入展开。

陕西韬达律师事务所是在中共中央提出关于全面推进依法治国若干重大问题的决定的大环境下孕育而生的一家精品律师事务所。自成立以来，已经发展成为陕西省政府多个机构（陕西省环境保护厅、陕西省高级人民法院及曲江会展中心）的法律服务提供者。

陕西韬达和知行研究中心的联手，是巧合，也是必然。必然的是，在党和国家法治化建设进程中但凡有这样责任与担当的人或团体必然会自觉地走到一起。当"韬达"遇到"知行"，知行研究中心对地方治理与地方立法的系列研究，正与韬达人"专业化、精品化、团队化"为标准建设"高端律所"的发展方向相契合。

《立法法》第72条第2款虽然对设区的市的立法范围作了"可以在城乡建设与管理、环境保护、历史文化保护"等范围内立法的限制，却仍然在第4款把对设区的市的立法能力的问题留给了省、自治区人大常委会，由其根据设区的市的人口数量、地域面积、经济社会发展情况以及立法需求、立法能力等因素确定是否向全国人大常委及国务院备案，也正是这一课题促成了我们的"战略合作协议"。双方本着"资源共享、优势互补、共同发展"的宗旨，展开战略合作。

　　双方共同建立联席会议机制，将知行研究中心设在了陕西韬达。韬达人以自己雄厚的律师团队——法学博士(律师)3人，法学硕士(律师)3人，法学学士(律师)6人，法学博士、硕士及学士(实习律师)6人，法学学士（见习律师）4人，用扎实的专业知识、用丰富的工作经验、用强大的法学力量，倾情投入到该中心的研究中来。在各方支持下，形成的《陕西省设区的市地方立法状况蓝皮书（2016）》，为陕西省人大推进落实设区的市科学立法、民主立法而献计献策，共同努力成为立法体制改革的探索者。

　　回顾双方的合作，是使命的一致，是价值观的相融，是中国法治进程的必然，是理论与实践的碰撞，是学术与实务的互补！

　　值《陕西省设区的市地方立法状况蓝皮书（2016）》出版之际，韬达人郑重承诺：韬达所将继续秉承"人生基础三责""感恩、诚信""韬达人的责任"为核心内容的律所文化，继续大力发展专业的服务管理团队，以"服务第一、管理至上"的理念，在法治进程的道路上，不懈助力前行，为地方立法法制化建设贡献自己的力量。